Bibliografische Information der Deutschen Nationalbibliothek:

Die Deutsche Nationalbibliothek verzeichnet diese Publikation in der Deutschen Nationalbibliografie; detaillierte bibliografische Daten sind im Internet über http://dnb.d-nb.de abrufbar.

Impressum:

Copyright © 2016 Studylab

Ein Imprint der GRIN Verlag, Open Publishing GmbH

Druck und Bindung: Books on Demand GmbH, Norderstedt, Germany

Coverbild: ei8htz

Minh Viet Vu

Cost of Capital. Die Berechnung der Kapitalkosten von DAX-Unternehmen

Theoretische Grundlagen und empirische Untersuchung

2015

Inhaltsverzeichnis

Abkürzungsverzeichnis

CAPM	Capital Asset Pricing Model
c. p.	ceteris paribus
DAX	Deutscher Aktienindex
DCF	Discounted-Cashflow
EK	Eigenkapial
EKQ	Eigenkapitalquote
eng.	englisch
EZB	Europäische Zentralbank
FKQ	Fremdkapitalquote
GKR	Gesamtkapitalrentabilität
i.d.R.	in der Regel
MSCI	Morgan Stanley Capital International (World Index)
p.a.	per anno (pro Jahr)
sog.	sogenannten
u.a.	unter anderem
WACC	Weighted Average Cost of Capital

1. Einführung

„Zu hoher Einsatz - Unternehmen kalkulieren mit zu hohen Renditeanforderung".[1] So lautete die Überschrift eines Fachartikels von Gleißner in der Septemberausgabe 2006 im Finance Magazin. Er beschreibt in seinem Beitrag die zu hohen geforderten Renditen für Investitionen, die sich in den Kapitalkosten ausdrücken.[2]

Die Höhe der Kapitalkosten (eng. cost of capital) wirkt sich vielfältig auf unternehmerische Entscheidungen, wie Investitionen, deren Rentabilität und die Ermittlung des Unternehmenswerts aus. Die Frage, die sich im Zusammenhang mit dem Artikel Gleißners stellt ist also, ob Unternehmen mit zu hohen Kapitalkosten rechnen.

Das Ziel einer wertorientierten Unternehmensführung ist die Steigerung des Unternehmenswerts, der anders ausgedrückt, dem Wert des Eigenkapitals (Shareholder-Value) entspricht.[3] Kapitalkosten haben einen wesentlichen Einfluss darauf.

Doch um was genau handelt es sich bei dem Begriff der Kapitalkosten? Um diese Frage beantworten zu können ist es notwendig herauszufinden, aus welchen wesentlichen Komponenten sich die Kapitalkosten zusammensetzen, um zu verstehen, welche Bedeutung und Relevanz sie für ein Unternehmen haben.

Der Begriff der „Kosten" der im Wort Kapitalkosten steckt, gilt im unternehmerischen, wie auch im privaten Kontext als Faktor, den es zu minimieren gilt, da diese i.d.R. mit einem (Geld-) Mittelabfluss assoziiert werden. Inwiefern die zu analysierenden Unternehmen explizit das Ziel verfolgen, Kapitalkosten zu senken, gilt es zu untersuchen.

1.1 Problemstellung

Die Renditeforderung der Kapitalgeber stellen Kosten für die Inanspruchnahme von bereitgestelltem Kapital, für Unternehmen dar. Diese sog. Kapitalkosten setzen sich aus verschiedenen Komponenten zusammen. Durch die Inanspruchnahme von günstigem Kapital infolge einer andauernden Niedrigzinsphase, die unmittelbaren Einfluss auf die Kapitalkosten nimmt, verlieren Unternehmen ein

---

[1] Finance Magazin (online), 2006, Abrufdatum 27.07.2015

[2] vgl. ebd.

[3] vgl. Klamar/Sommer/Weber, 2013, S. 229

zentrales Steuerungselement. Projekte, Geschäftsbereiche oder Firmen gilt es regelmäßig zu bewerten.[4] Für die Finanzierung von strategischen und operativen Vorhaben im Sinne von Investitionen, ist es notwendig den ermittelten Finanzierungsbedarf zu möglichst geringen Kapitalkosten zu decken, wobei die Höhe der Kapitalkosten die Mindestrendite darstellt.[5] Wenn die Niedrigzinsphase einen Einfluss auf die Kapitalkosten haben sollte - was es zu untersuchen gilt, sinkt dann nicht in der Folge die Schwelle für Bewilligungen bzw. Freigaben von Investitionen? Ein fiktives Beispiel soll den Zusammenhang verdeutlichen. Kalkuliert ein Unternehmen (zu Zeiten eines höheren Leitzinssatzes) für Investitionstätigkeiten noch mit einer Mindestrendite und einem inneren Wert (unter dessen Schwelle nicht mehr investiert wird) von 8,00%, sind alle Projekte unter dieser Schwelle abzulehnen, da sie nicht den festgelegten Renditen entsprechen. Entwickelt sich die Mindestrendite (aufgrund der Niedrigzinsen) in Höhe der Kapitalkosten angenommen auf 2,00%. Würde ein Unternehmen dann nicht in alle Projekte investieren, die eine Mindestrendite von 2,00% erwirtschaften?

Es wird vermutet, dass Unternehmen ihre Kapitalkosten so festlegen, wie sie es strategisch für effizienter halten, statt diese den Marktrisiken und den Kapitalmarktentwicklungen anzupassen. Das Zustandekommen der Einflussfaktoren auf die Kapitalkosten wird aus diesem Grund möglicherweise bewusst nicht transparent bzw. eindeutig in den Geschäftsberichten offengelegt und kann infolgedessen von den Adressaten der externen Rechnungslegung nur eingeschränkt in der Angemessenheit des Ansatzes wahrgenommen und interpretiert werden.

Gegen zu hohe Kapitalkosten spricht der Grundgedanken des Shareholder-Value-Ansatzes, der das Ziel eines möglichst hohen Unternehmenswerts verfolgt.

Ob Unternehmen ihre Kapitalkosten zu hoch oder zu niedrig kalkulieren, kann für DAX-Unternehmen nicht allgemein beantwortet werden.

Die vorliegende Arbeit soll Transparenz in der Kapitalkostenermittlung der Unternehmen aufzeigen und herausfinden, ob Unternehmen durch Veränderungen wertbestimmender Determinanten bewusst ihre Kapitalkosten, entgegen der Entwicklung externer Faktoren, versuchen bewusst hoch zu halten.

---

[4] vgl. Der Schweizer Treuhänder, 2015, Abrufdatum: 12.08.2015

[5] vgl. Gleich/Horváth/Michel, 2011, S. 38

1.2 Zielsetzung

Das Ziel der vorliegenden Arbeit besteht darin, anhand theoretischen Grundlagen, die Herleitung von Kapitalkosten ausführlich zu erklären.

Aufgrund der Komplexität zur Bestimmung einflussnehmender Determinanten sollen geeignete Methoden, wie sie häufig in der Praxis Anwendung finden, vorgestellt werden, um zu veranschaulichen, welche Faktoren aus dem wirtschaftlichen Umwelt einen wesentlichen Einfluss auf die Berechnung der Kapitalkosten nehmen.

Die Kapitalkosten als wertorientierte Bestimmungsgröße wirken sich, durch deren Einbeziehung in Rechenmethoden zur Ergebnisbestimmung, maßgeblich im Resultat aus. Aus diesem Grund soll erörtert werden, welchen wesentlichen Einfluss sie aufgrund ihrer Höhe auf die Wertgrößen nehmen und diese in der Folge verändern.

Die veröffentlichten Geschäftsberichte der Unternehmen können theoriegeleitet hinsichtlich der Kapitalkosten analysiert und ausgewertet werden. Das Ziel ist es, die relevanten Determinanten auf ihre Veränderungen der Betrachtungsjahre zu untersuchen um somit erklären zu können, welche Größen sich wertverändernd auswirkten.

Um die Frage zu beantworten, ob Unternehmen ihre Kapitalkosten im Zuge der Veränderungen am Kapitalmarkt variieren und welche (anderen) Einflussfaktoren hierbei wirken, sollen simulierten Kapitalkostenberechnungen herangezogen werden. Dies erlaubt dann Schlussfolgerungen auf die Vermutung „unangemessener" Kapitalkostenwerte.

Vorgehensweise

Die Arbeit gliedert sich in vier übergeordnete Kapitel.

In Kapitel 1 wurde die Relevanz, die Auswirkungen und kritische Fragen zum Thema Kapitalkosten genannt und formuliert.

Infolgedessen soll das Thema in Kapitel 2, mit Hilfe geeigneter betriebswirtschaftlicher Literatur und aktuelle Fachbeiträge, zunächst in den Grundlagen zur Ableitung und Bestimmung der Kapitalkostenbegriffs beschrieben und veranschaulicht werden. Es wird dargelegt, durch welche Forderungen Kapitalkosten entstehen und wie diese berechnet werden.

Durch Anwendung geeigneter Methoden soll auf Grundlage relevanter Determinanten der durchschnittlich gewichtete Kapitalkostensatz hergeleitet dessen

Anwendungsmöglichkeiten und Auswirkungen im Anschluss erörtert werden soll.

Das Kapitel 3 zeigt die Untersuchung der Kapitalkosten der DAX-Unternehmen auf. Der Schwerpunkt liegt hierbei in der Analyse einzelner Kapitalkostenkomponenten die in den Geschäftsberichten genannt und im Rahmen der Leitzinsentwicklungen untersucht und ausgewertet werden sollen. Eine kritische Würdigung schließt das Kapitel.

Das Resümee zum Ende der vorliegenden Arbeit (Kapitel 4) beinhaltet eine abschließende Darlegung der Untersuchungsergebnisse und gibt einen Ausblick auf die möglichen Entwicklungen, Veränderungen und die Berichtserstattung der Unternehmen.

2. Kapitalkosten

In diesem Kapitel soll beschrieben werden, worum es sich bei Kapitalkosten eines Unternehmens handelt. Zunächst gilt es den Begriff im Zusammenhang mit der Finanzierung darzustellen und aufzuzeigen, wie Kapitalkosten entstehen bevor deren wesentliche Bedeutung für ein Unternehmen unter kritischen Gesichtspunkten genauer betrachtet werden soll. Auf Basis der Darstellung von geeigneten Berechnungsmethoden zur Kapitalkostenermittlung kann darauf hin eine empirische Untersuchung der Kapitalkosten der DAX-Unternehmen vorgenommen werden.

2.1 Einordnung der Kapitalkosten - Finanzierungsebene

Kapitalkosten hängen primär mit der Finanzierung eines Unternehmens zusammen. Die Finanzierung, stellt im Kontext der betrieblichen Finanzwirtschaft (neben der Investition und Finanzdisposition), eines der drei Hauptfunktionen da.[6]

Neben der Beschaffung (von Geld oder geldwerten Gütern) spielt die Art der Finanzierung in Unternehmen eine zentrale Rolle: betrachtet man die Bilanz eines kapitalmarktorientierten Unternehmens, so ist auf dessen Aktivseite das Vermögen ersichtlich, das i.d.R. in Anlage- und Umlaufvermögen gegliedert ist. Die Finanzierung des Vermögens bzw. der Vermögensgegenstände auf der bilanziellen Aktivseite (auch Mittelverwendungsseite oder Vermögensseite genannt) erfolgt durch die Bereitstellung von Geldströmen der Passivseite (Mittelherkunftsseite).[7] Für die vorliegende Arbeit ist eine genauere Betrachtung der Mittelherkunftsseite von Bedeutung, da hier die Kapitalquellen für die Beschaffung der Vermögenswerte aufgeführt sind.

Durch die Nutzung des bereitgestellten Kapitals entstehen Kapitalkosten, welche sich durch Herkunft des Kapitals unterscheiden bzw. charakterisieren lassen. Die Art des investierten Kapitals in das Unternehmen kann entweder von den Eigentümern stammen und man in diesem Fall von Eigenkapital spricht, oder von anderen Kapitalgebern, deren bereit gestelltes Kapital als Fremdkapital bezeichnet wird.[8]

---

[6] vgl. Becker, 2013, S.30

[7] vgl. Probst 2008, S.22

[8] vgl. Geyer 2013, S.207

Folgende Grafik stellt die verschiedenen Finanzierungsarten von Unternehmen nochmals im Überblick da.

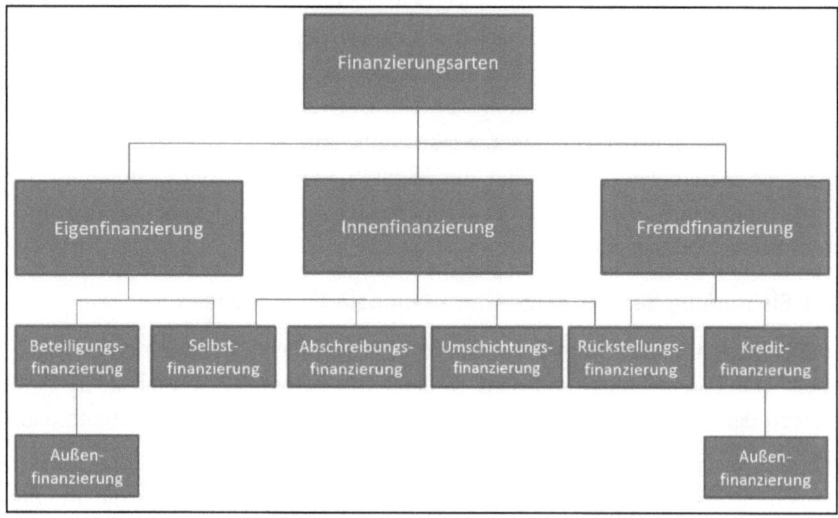

Abbildung 1: System der Finanzierungsarten (in Anlehnung an Becker, 2013, S.129)

Anknüpfend an die aufgeführte Abbildung wird bestätigt, dass Unternehmen sich sowohl Eigen- und Fremdkapitalmittel zur Finanzierung beschaffen können welches im Folgendem genauer betrachtet werden soll. Durch die Inanspruchnahme der verschiedenen Finanzierungsarten entstehen gegenüber dem Kapitalgeber Rechte (z.B. Teilnahme an der Hauptversammlung als Aktionär) und Pflichten. Die Auswahl der Kapitalquellen unterliegt oft dem Kriterium der geforderten Verzinsung, die in der Berechnung und Höhe der Kapitalkosten unterschiedlich ausfallen kann.

2.1.1 Eigenkapital als Finanzierungsart und Kapitalquelle

Durch die Eigenfinanzierung wird dem Unternehmen Vermögen in Form von Eigenkapital bereitgestellt, das i.d.R. von den Eigentümern eines Unternehmens eingebracht wird oder aus der Gewinnthesaurierung (Einbehalten von (Jahres-) Gewinnen) stammt.[9] Die Höhe des zu erbringenden Eigenkapitals ist jedoch abhängig von der Rechtsform. So ist bei der Gründung einer Einzelfirma und Personengesellschaft die Höhe des Eigenkapitals variabel. Zudem benötigen diese Unternehmensformen kein gesetzlich vorgeschriebenes Mindestkapital. Anders

---

[9] vgl. Gündel/Katzorke 2007, S. 19

verhält es sich jedoch bei Kapitalgesellschaften. So bedarf es zur Gründung einer GmbH eines festen Stammkapitals in Höhe von 25.000€, bei einer SE (Societas Europaea) 120.000€ und 50.000€ sogenannten Grundkapitals bei Gründung einer Aktiengesellschaft.[10]

Für die vorliegende Arbeit soll der Fokus auf Kapitalgesellschaften des DAX liegen. Ein wichtiger Aspekt für das Eigenkapital einer Kapitalgesellschaft stellt das Haftungskapital dar. Dieses spiegelt sich in der GmbH als Stammkapital und bei einer Aktiengesellschaft als Grundkapital wieder, denn das Haftungskapital dient zur Begrenzung bei Forderungsausfällen. Es zeigt den betraglichen Umfang, in dem eine Gesellschaft mit seiner Einlage für Verbindlichkeiten des Geschäftsvermögens in "Haftung" genommen werden kann. Eine mögliche Ausnahme wäre jedoch gegeben, wenn Funktionären des Unternehmens ein Fehlverhalten wie eine Insolvenzverschleppung nachgewiesen werden kann, wodurch in diesem Fall auch das Privatvermögen in Haftung genommen würde.[11] Durch die limitierte Haftung in Höhe des Eigenkapitals gilt ein kapitalbeschaffendes Unternehmen als potenzielles und attraktives Investmentziel für Geldgeber z.B. in Form einer Beteiligungsfinanzierung. Durch diese kann das Unternehmen sein Eigenkapital erhöhen, wodurch sich folglich auch das Haftungskapital erhöht.[12] Die zufließenden Mittel dienen dem Unternehmen zunächst als finanzieller Rahmen der Unternehmensgründung oder als Kapitalbasis für neue zusätzliche Investitionen.

Im Gegensatz zur GmbH, deren Stammkapital sich durch die Kapitalerhöhung der Gesellschafter erhöht, gibt es bei der AG die Möglichkeit das Eigenkapital, neben der Gewinnthesaurierung, durch die Ausgabe von verbrieften Wertpapieren (Aktien) aufzustocken. Durch den Erwerb von Wertpapieren ist der Teilhaber zur Erbringung der Einlage und eines möglichen Aufgeldes (Agio) verpflichtet, wodurch er ziffernmäßig am Grundkapital der Gesellschaft beteiligt ist.[13] Eine solche Beteiligung kann durch den Erwerb von Aktien der sog. "Altaktionäre" erfolgen oder durch deine ordentliche Kapitalerhöhung der jeweiligen Gesellschaft durch die Emissionierung ("Zeichnung") von jungen Aktien.[14] Der

---

[10] vgl. Becker 2013, S.131

[11] vgl. Bleiber 2013, S.222

[12] vgl. Becker 2013, S.131

[13] vgl. Gündel/Katzorke 2007, S.125

[14] vgl. Wöltje 2010, S.92

Grund, wieso Kapitalgesellschaften sich für eine Kapitalerhöhung entscheiden, kann z.B. darin liegen, die Finanzierung von Investitionen und damit das Unternehmenswachstums zu sichern. Becker beschreibt den Hintergrund der Kapitalerhöhung durch die direkte und indirekte Finanzierungsfunktion: durch das aufgenommene Eigenkapital ermöglicht es dem Unternehmen, seine Investitionen unmittelbar (direkt) zu finanzieren. Gleichzeitig steht die Höhe des Eigenkapitals für eine solide Finanzausstattung, wobei sich die Bonität des Unternehmens verbessert. Diese indirekte Finanzierungsfunktion erleichtert eine spätere Inanspruchnahme von Krediten am Geldmarkt.[15] Da die Bereitstellung von Kapital mit unternehmerischen Risiken verbunden ist, fordern die Kapitalgeber eine angemessene Verzinsung ihres Investments. So sind diese am Unternehmenserfolg mit beteiligt und haben einen ertragsabhängigen Zahlungsanspruch.[16]

2.1.2 Fremdkapital als Finanzierungsart und die Unterscheidung zum Eigenkapital

Neben der Finanzierung durch Eigenkapital, existiert unternehmerisch noch die Möglichkeit der Inanspruchnahme der Fremdfinanzierung durch Fremdkapital. In der Publikation "Private Equity" von Gundel und Katzorke wird Fremdfinanzierung bezeichnet als "...sämtliche Formen der Finanzierung mit Fremdkapital. Typisches Fremdkapital umfasst den Teil des Gesamtkapitals, der von Nicht-Eigentümern, den Gläubigern, aufgebracht wird bzw. diesen zuzurechnen ist."[17] Diese Bezeichnung des Fremdkapitals ist folglich im Vergleich zum Eigenkapital im Wesentlichen durch den Kapitalgeber zu unterscheiden. Während bei einer AG das Eigenkapital von außen durch die Gesellschafter oder Aktionäre zur Verfügung gestellt wird und unter die Finanzierungsart der Eigenfinanzierung (vgl. Kapitel 2.1) fällt, handelt es sich beim Fremdkapital zwar auch um Geldgeber von „außen", jedoch handelt es sich hierbei um eine Fremdfinanzierung.[18] Der Fremdkapitalgeber hat also im Vergleich zum Eigenkapitalgeber keinerlei Einflussrechte bei unternehmerischen Entscheidungen z.B. durch die Teilnahme an der Hauptversammlung.

Neben dieser Unterscheidung, sind die folgenden Charakteristika ebenfalls typisch für die Fremdfinanzierung:

---

[15] vgl. Becker 2013, S.134

[16] vgl. Gündel/Katzorke 2007, S.21

[17] Gündel/Katzorke 2007, S.22

[18] vgl. Becker 2013, S.131

1. das Fremdkapital wird im Vergleich zum Eigenkapital nur befristet zur Verfügung gestellt
2. der Kapitalgeber ist nicht am Gewinn und Verlust der Gesellschaft beteiligt, sondern erhält seine Rendite durch einen vereinbarten Zinssatz
3. es besteht ein Rechtsanspruch auf die Rückzahlung des Kredits in der jeweiligen nominellen Höhe[19]

Als Kreditgeber kommen i.d.R. Banken, Geschäftspartner (Lieferantenkredite) oder private Darlehen in Betracht. Für die Höhe (und eine Bewilligung des Kredits) fordert der Kapitalgeber Informationen über den wirtschaftlichen Verhältnisse des Kreditnehmers, da dieser oft nicht in der Lage ist, sein eigenes Unternehmen objektiv zu bewerten. Daher nutzt er Hilfsmittel, wie z.B. die Inanspruchnahme von externen Gutachtern/Rating-Agenturen, die unabhängig die benötigten Informationen für den Prozess der Kreditbewilligung zusammenzustellen.[20]

Für die Kapitalkosten spielen die zu leistenden Fremdkapitalzinsen eine wesentliche Rolle, die im weiteren Verlauf dieser Arbeit erläutert werden.

2.2 Bedeutung von Kapitalkosten

Der Begriff der Kapitalkosten (eng. Cost of Capital) findet häufig in der betriebswirtschaftlichen Literatur Anwendung, ist jedoch nicht eindeutig definiert. Eines der wichtigsten Ziele eines Unternehmens im Rahmen der Investitionsrechnung und Unternehmensbewertung ist die Erzielung einer Rendite des Kapitals. Wie hoch die Kapitalrendite sein muss, hängt direkt von den Kapitalkosten eines Unternehmens ab. Nur wenn ein Unternehmen die Verzinsung des eingesetzten Kapitals in einer bestimmten Höhe erwirtschaftet hat, erlangt es eine Rendite in Form einer positiven Wertschöpfung. Tätigt ein Unternehmen beispielsweise eine Investition, zu der es Fremdkapital aufnimmt, so sollte sich die Investition so rechnen, dass neben der Rückzahlung des Kreditbetrages auch noch die damit verbunden Fremdkapitalzinsen (Kapitalkosten) erwirtschaftet werden und darüber hinaus ein positiver Überschuss erzielt wird da sonst ein Werteverlust eintritt. Es gilt den strategischen und operativ ermittelten Finanzie-

---

[19] vgl. Peridon/Steiner/Rathgeber, 2012, S.415

[20] vgl. Heybrock, 2012, S.233

rungsbedarf zu möglichst geringen Kapitalkosten zu decken.[21] Das eingesetzte, investierte Kapital sollte demnach mindestens die Kapitalkosten decken.

Aus Sicht des Investors (aber auch des Unternehmens) sind Kapitalkosten, laut Willburger u.a. "...Opportunitätskosten und stellen den Gegenwert für einen entgangenen Nutzen durch die Bereitstellung des Kapitals für betriebliche Zwecke dar."[22] Investoren, die ihr Geld dem Unternehmen zur Verfügung stellen, verzichten im ersten Moment darauf, dass Geld anderweitig zu verwenden. Sie könnten ihr Kapital z.B. in sichere Anlagen, wie Bundesstaatsanleihen anlegen bei denen sie eine feste (jedoch relative) niedrige Verzinsung erhalten und ihr Kapital somit nicht dem unternehmerischen Risiko aussetzen müssten. Der Grund, wieso sich Investoren jedoch für die unternehmerische Bereitstellung des Kapitals entscheiden, ist das dies zum Zeitpunkt der Investition als Ausgabe angesehenen wird, welche zukünftig zu einem größeren Einkommen/Ertrag führen soll. Sowohl Eigen- aber auch Fremdkapitalgeber erwarten für ihre Opportunitätskosten und dem Risiko einen Ausgleich in Form einer höheren Rendite (für den Verzicht auf ein Investment in andere Anlagen mit gleichem Risiko).[23] Unternehmensintern werden aus diesem Grund in der Kosten- und Leistungsrechnung sowie der Investitionsrechnung für das eingesetzte Eigenkapital die sogenannten kalkulatorischen Zinsen für entgangene Zinseinnahmen angesetzt, die im Rahmen einer Investition mit erwirtschaftet werden sollen.[24]

Da die Kapitalstruktur eines Unternehmens i.d.R. kombiniert aus Eigen- und Fremdkapital besteht und entsprechend aus beiden Kapitalquellen finanziert wird, ist bei der Ermittlung der Kapitalkosten entsprechend nach der Kapitalart zu trennen. Für die Ermittlung der jeweiligen Kapitalkosten, bietet die betriebswirtschaftliche Theorie verschiedene Möglichkeiten. Um die entstehenden Kapitalkosten aus Eigen- und Fremdkapital zusammenzusetzen, müssen diese entsprechend gewichtet werden – entsprechend deren Anteil der Bilanzsumme. Durch die Gewichtung von Eigen- und Fremdkapitalkosten ergeben sich die Gesamtkapitalkosten. Die gewichteten Kapitalkosten sind eine wichtige Komponente in der wertorientierten Unternehmensführung, da diese für die Ermittlung des wichtigsten Discounted-Cash-Flow-Verfahren, das Weighted-Average-Cost-

---

[21] vgl. Gleich/Horváth/Michel, 2011 , S.38

[22] Willburger, 2014, S.18

[23] vgl. Copeland/Koller/Murrin. 1998, S.260

[24] vgl. Haunerdinger/Probst, 2006, S.141

Of-Capital-Verfahren (WACC), maßgeblich sind.[25] Der Discounted-Cashflow ist hierbei zunächst eine bedeutende Messgröße, um die Wirtschaftlichkeit einer Investition aber auch des Unternehmenswerts zu beurteilen (dynamische Rentabilitätsmessung): die prognostizierten Zahlungsströme werden dabei durch den gewichteten Kapitalkostensatz diskontiert.[26] Je höher der WACC ist, mit denen die Cashflows diskontiert werden, desto niedriger sind die daraus resultierenden Barwerte. Der so ermittelte Finanzmittelüberschuss steht der Unternehmung für die Zahlung seiner Fremdkapitalverbindlichkeiten oder zur Gewinnausschüttung zur Verfügung.[27]

Um im späteren Verlauf den Unternehmenswert (Marktwert des Eigenkapitals) mit Hilfe des WACC-Verfahrens zu ermitteln und genauer zu erörtern, sollen im Folgendem zunächst die benötigten Variablen zur Ermittlung des gewichteten Kapitalkostensatzes dargelegt werden.

2.2.1 Eigenkapitalkosten

Eigenkapitalkosten sind ein Bestandteil der zu ermittelnden Kapitalkosten.

Sie lassen sich deutlich komplizierter bestimmen als die Kosten für das Fremdkapital, da es keine festgelegte Verzinsung gibt. Die Eigenkapitalkosten sind als gewichtetes Mittel aller von den Eignern gestellten Ansprüche bzgl. der Rendite des zur Verfügung gestellten Kapitals anzusehen. Diese erwarten eine höchstmögliche Rendite ihres Investments. Entsprechend folgen die Verzinsungsansprüche von Eigenkapitalgebern dem Opportunitätskostenprinzip d.h., dass diese nur zur Kapitalbereitstellung bereit sind, wenn die Verzinsung mindestens so hoch ausfällt wie die günstigste Alternativanlage (Opportunität).[28]

Die Eigenkapitalrendite bzw. die Eigenkapitalkosten hängen u.a. stark vom Grad der Verschuldung bzw. der Kapitalstruktur ab, die im späteren Verlauf der Arbeit genauer erörtert werden soll.[29]

Um den Zusammenhang zwischen Kapitalkosten und dem Unternehmenswert darzustellen, wird der gewichtete durchschnittliche Kapitalkostensatz ange-

---

[25] vgl. Becker 2013, S.92

[26] vgl. Gleich/Horváth/Michel, 2011, S.231

[27] vgl. Becker 2013, S.92

[28] vgl. Brasat, 2012, S.10

[29] vgl. Kuhner/Maltry, 2006, S.176

wandt. Durch ihn kann der Wert des Eigenkapitals aus Sicht des Unternehmens und der Kapitalgeber ermittelt werden.

Eine zunächst einfache Schätzung des Wertes des Eigenkapitals ist bei Betrachtung der Stammaktien eines Unternehmens möglich, indem man den aktuellen Aktienkurs mit der Anzahl der emittierten Aktien multipliziert.[30] Wie hoch die damit einhergehenden genauen Eigenkapitalkosten sind, lässt sich durch Anwendung betriebswirtschaftlicher Methoden bestimmen. In der Praxis wird hierzu häufig das Capital Asset Pricing Model (CAPM) angewandt, welches zu den sog. Entity-Verfahren gehört (Ermittlung auf Basis des Gesamtkapitalwertes).[31]

2.2.2 Capital Asset Pricing Model (CAPM)

Copeland/Koller/Murrin legen die Kernthese des CAPM dar,

> „...daß die Opportunitätskosten des Eigenkapitals der Rendite risikofreier Wertpapiere plus dem Marktpreis des Risikos (Risikoprämie), multipliziert mit dem systematischen Risiko (beta) des Unternehmens, entsprechen."[32]

Das CAPM wird infolgedessen eingesetzt, um die erwartete Rendite eines Wertpapiers zu berechnen. Es versucht aus diesem Grund die Kosten des Eigenkapitals anhand gegebener Marktdaten mit zunächst folgender, allgemeiner Formel abzuleiten.[33]

Eigenkapitalkosten = risikofreie Rendite/Basiszins + ß * (Marktrisikoprämie)

Aus der Sicht des Investors ist die Methode und Vorgehensweise wie folgt zu erklären. Die risikofreie Rendite ist jene Rendite eines beliebigen Wertpapiers oder Wertpapierportfolios, die mit keinem Rendite- bzw. Ausfallrisiko behaftet ist (als Referenzwert gelten z.B. sichere Bundesanleihen) und zugleich in keinem Zusammenhang mit den Renditen anderer Kapitalanlagen steht. Wenn der Investor die Auswahlmöglichkeit hätte, in ein Unternehmen zu investieren oder sein Kapital auf seiner Bank für dieselbe Verzinsung anzulegen, würde er das

---

[30] vgl. Copeland/Koller/Murrin. 1998, S.268

[31] vgl. Becker 2013, S.92

[32] Copeland/Koller/Murrin. 1998, S.277

[33] vgl. Schmeisser/Clausen/Hannemann, 2009, S.91

unternehmerische Risiko meiden da er bei einem niedrigerem Risiko dieselbe Verzinsung erhalten könnte.

Das Modell geht also von der Annahme aus, dass es sich um einen risikoaversen Anleger handelt, der den Nutzen seines Vermögens maximieren will.[34] Laut einer Kapitalkostenstudie von KPMG aus dem Jahre 2012/2013 leiten Unternehmen ihren risikofreien Basiszins unterschiedlich ab, wie in der folgenden Grafik abzuleiten ist.

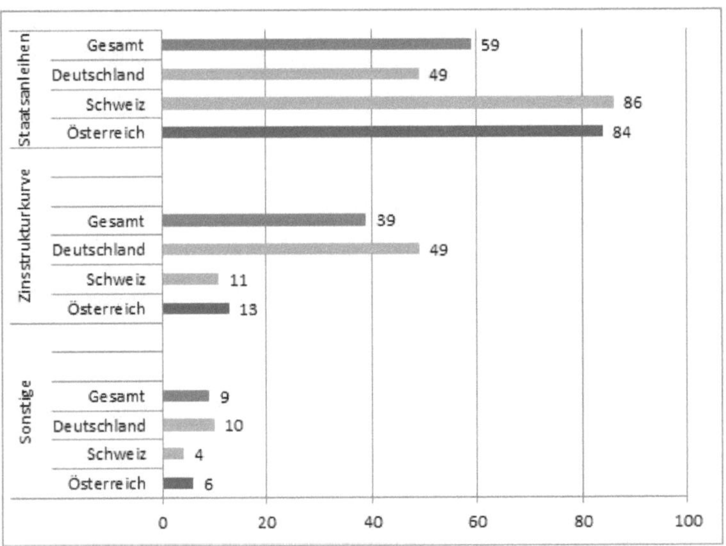

Abbildung 2: Anteil von Unternehmen in Prozent, mit Ableitung des Basiszinssatzes anhand risikoloser Staatsanleihen (in Anlehnung an KPMG Kostenstudie, 2012/2013, S. 27)

Die Abbildung zeigt, dass die Mehrheit aller Unternehmen (59%) den risikolosen Basiszinssatzes von inländischen Staatsanleihen ableitet.

Laut der Studie zeigt sich jedoch der Trend, dass der Anteil der Unternehmen, die den Basiszins von Staatsanleihen ableiten, zurückgeht und immer häufiger die Zinsstrukturkurve verwendet wird. Bei knapp der Hälfte der deutschen Unternehmen ist dies bereits der Fall.[35]

---

[34] vgl. Copeland/Weston/Shastri, 2008, S.206

[35] vgl. KPMG Kostenstudie, 2012/2013, S.27

Die Entscheidung, sich dennoch für Investment in Form eines Wertpapiers eines Unternehmens zu entscheiden, liegt in der Risikoprämie. Sie ist die Wertpapierrendite abzüglich der risikofreien Verzinsung.[36] Die Risikoprämie beachtet das im Kapitalmarktportfolio nicht diversifizierbare systematische Risiko. Für das unsystematische Risiko wird der Anleger nicht entschädigt, da er diese Risikoform durch Diversifikation eliminieren kann d.h. durch Anlage von Wertpapieren in unterschiedliche Unternehmen. [37]

Nachfolgende Grafik soll das Verhältnis zwischen Rendite und Risiko genauer veranschaulichen.

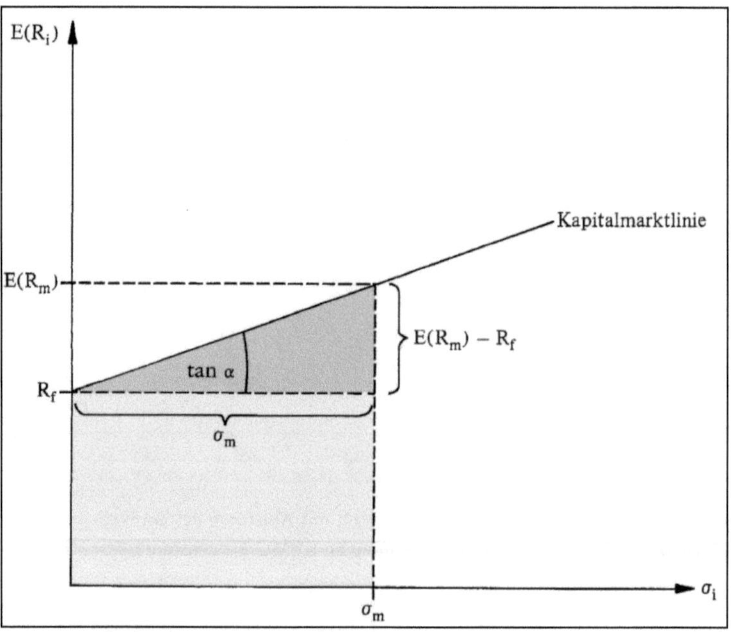

Abbildung 3: Kapitalmarktlinie und das Verhältnis zwischen Marktrisikoprämie, Basiszins und des Risikos (in Anlehnung an Peridon/Steiner/Rathgeber, 2012, S. 275)

Die Marktrisikoprämie ergibt sich aus der Differenz vom Erwartungswert der Rendite des Marktportfolios und der risikofreien Rendite (in der Grafik als Differenz von $E(R_m)$ - R_f ersichtlich) und gilt als Äquivalent für Investoren, die bereit sind, das Risiko im Umfang von σ_m in Kauf zu nehmen. Die Steigung der

---

[36] vgl. Kuhner/Maltry, 2006, S.163

[37] vgl. Achleitner, 2000, S.690

Kapitalmarktlinie (auch Marktpreis des Risikos genannt) stellt den Marktpreis der Änderung des Risikos um eine Einheit, ausgedrückt in σ, dar.[38] Mit steigenden Risikoeinheiten steigt folglich die Marktrisikoprämie bei Annahme einer gleich bleibenden risikofreien Verzinsung im Umfang von R_f. Gleichzeitig wächst bei einer höheren Rendite das Verlustrisiko.

Die Höhe der Risikoprämie liegt daher zum einen Teil in der Marktrisikoprämie und zum anderen in der Gewichtung des Risikograds des Investments. Diese wichtige Variable im CAPM beschreibt das systematische Risiko: das sog. beta (ß) betrachtet das individuelle, unternehmerische Marktrisiko des Investments.[39] Es zeigt die Beziehung von Merkmalen der Unternehmensrendite auf, z.B. in Form von Aktienkursänderungen oder der Werteentwicklung des Gesamtmarktes.[40] Errechnet wird diese Größe auf Basis vergangener Kapitalmarktdaten, wie die individuelle Kursentwicklung des Unternehmens und anhand eines repräsentativen Marktindexes z.B. des DAX oder des MSCI, die als so genannte Performance-Indizes bezeichnet werden.

Die Eigenkapitalkosten und das Marktrisiko, ausgedrückt im ß hängen unmittelbar voneinander ab, wie folgende Grafik verdeutlicht.

---

[38] vgl. Peridon/Steiner/Rathgeber, 2012, S.274

[39] vgl. Becker 2013, S.93

[40] vgl. Pelzer/Haas, 2014, S.39

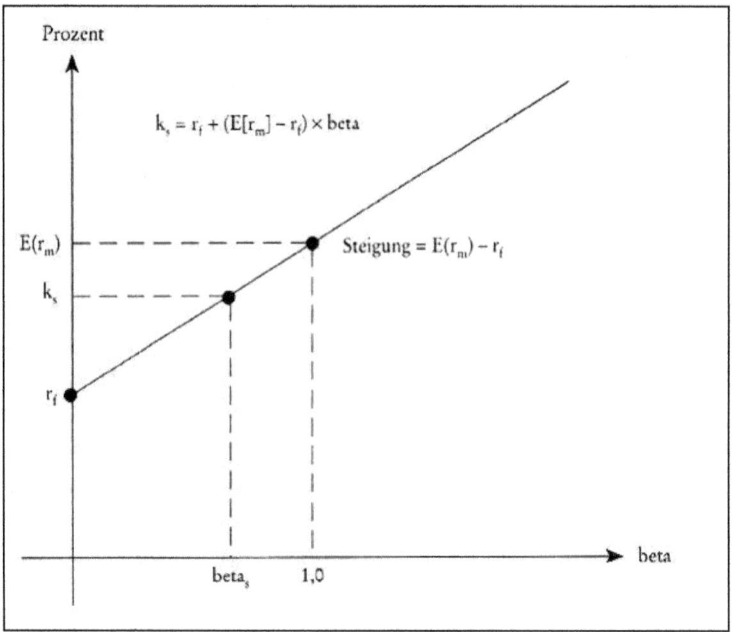

Abbildung 4: Verhältnis zwischem Eigenkapitalkosten und des systematischen Risikos (beta) (in Anlehnung an Copeland/Koller/Murrin, 1998, S. 278)

Die Grafik veranschaulicht die linear-steigenden Eigenkapitalkosten (k_s) aufgrund des nicht zu beseitigendem systematischen Risikos: wenn das beta, wie in der Grafik angenommen, 1,0 beträgt, dann beträgt das unternehmerische Marktrisiko des Unternehmens ebenfalls ungefähr 1,0. Ein beta von über 2,0 und unter 1,0 ist laut Copeland/Koller/Murrin unter dieser Annahme verhältnismäßig gering.[41]

Grundsätzlich gilt, dass die Eigenkapitalrendite höher sein sollte als es das Risiko der Unternehmung ist.

Das Gesamtrisiko, gemessen in der Volatilität (Schwankungsbreite von Wertpapierkursen), variiert von Branche zu Branche:

---

[41] vgl. Copeland/Koller/Murrin. 1998, S.277

Nach Darlegung der benötigten Variablen ergibt sich für die Ermittlung nach dem CAPM-Verfahren folgende detaillierte Formel.[43]

$$k_s = r_f + (E[r_m] - r_f) * beta$$

k_s	= Eigenkapitalkosten
$E[r_m]$	= Erwartungswert der Rendite des Marktportfolios/des relevanten Marktes
r_f	= Risikofreie Verzinsung für risikofreie Anlagen (Basiszins)
beta	= Systematisches Risiko des Eigenkapitals
$(E[r_m] - r_f)$	= Unternehmensindividuelle Risikoprämie

Durch die Anwendung des CAPM können die Eigenkapitalkosten also anhand der Methodik transparent ermittelt werden.

Je nach Zeitpunkt der Ermittlung der Eigenkapitalkosten, variieren die Werte und führen (auch bei gleichbleibender Kostenstruktur) zu anderen Ergebnissen im Vergleich zu anderen Bewertungsstichtagen. Die Ursache für die Wertveränderungen liegt in der dynamischen Entwicklung aufgrund der Wirtschaftslage oder den Entwicklungen auf dem Finanzmärkten wie z.B. der sinkende Referenzzins (zur Ermittlung des risikofreien Verzinsung) von Bundesanleihen, der mit einem Kupon von 3,0% im Jahr 2010 (Ausgabejahr der Anleihe, Laufzeit 10 Jahren) nun auf aktuell 0,5% gefallen ist (Ausgabejahr 2015, Laufzeit 10 Jahre).[44] Durch die Leitzinssenkungen der vergangenen Monate entsteht der Effekt, dass risikofreie Anlagen weniger nachgefragt werden und die Investoren ihr Kapital unter diesen Umständen in Aktien anlegen, die eine höhere Rendite erwirtschaften können.

---

[42] vgl. Handelsblatt (online), 2012, Abrufdatum 27.07.2015

[43] vgl. Copeland/Koller/Murrin. 1998, S.277

[44] vgl. Bundesagentur Deutschland Finanzagentur GmbH (online), 2015, Abrufdatum 30.07.2015

2.2.3 Fremdkapitalkosten

Wie in Kapitel 2.1.2 beschrieben, gibt es verschiedene Möglichkeiten Fremdkapital in Anspruch zu nehmen. Es handelt sich bei der Fremdfinanzierung um eine Inanspruchnahme von Kapital, das von Nicht-Eigentümern eines Unternehmens stammt. Nimmt das Unternehmen Fremdkapital in Form eines Kredits Anspruch, so ist die Höhe der Verzinsung i.d.R. bekannt. Bei mehreren Fremdfinanzierungsquellen müssen die entsprechenden Fremdkapitalkosten als durchschnittlicher Kostensatz (gewichtete Einzelverbindlichkeiten) für langfristige Verbindlichkeiten errechnet werden. Als Kosten sind z.B. bei einem Bankdarlehen nicht die Tilgungsraten, sondern die erfolgswirksamen Zinsaufwendungen zu verstehen. Relevant ist der Zinssatz am Bewertungsstichtag, da dieser als beste Schätzung für die zukünftige Zinsentwicklung gilt.[45] Die Höhe der Zinsen ist abhängig vom Zinsniveau, welches durch den Leitzins geprägt ist: die Höhe des Leitzinses wird von der EZB festgelegt und hat Auswirkungen auf das allgemeine Zinsniveau am Geldmarkt wodurch die Höhe von Darlehenszinsen u.a. abhängt.[46]

Bei der Ermittlung ist von sehr hoher Bedeutung, dass alle Positionen des Fremdkapitals zu berücksichtigen sind an die das Unternehmen gebunden ist.[47] Die Kosten für die Verbindlichkeiten können z.B. aus Anleihen, Bankdarlehen und/oder Schuldscheindarlehen stammen, bei denen ein vertraglicher Zinssatz vereinbart wurde. Für das Zustandekommen eines Kreditverhältnisses fallen oftmals Abschlussgebühren und/oder ein Disagio an, welche in die Fremdkapitalkosten mit einzubeziehen sind. Da das Unternehmen, welches Fremdkapital in Anspruch nehmen möchte (oftmals in den Augen des Gläubigers) mit einem Kreditrisiko behaftet ist, kann für die Kreditvergabe eine zusätzliche Risikoprämie (Credit-Spread) mit hinzugerechnet werden, wodurch sog. Wagnisprämien die Sollzinsen zusätzlich erhöhen.[48]

Zusammenfassend sind Fremdkapitalkosten also durch die geforderten Verzinsungsansprüche der Kreditgeber bzw. Gläubiger bedingt.

Eine weitere Möglichkeit der Fremdfinanzierung, die unter die Rubrik der Innenfinanzierung fällt, ist die Finanzierung durch Rückstellungen. Geeignet hier-

---

[45] vgl. Moxter, 1983, S.171f

[46] vgl. Altendorf/Schlüter/Skorpel/Stein/Weber, 2009, S.70

[47] vgl. Schmeisser/Clausen/Hannemann, 2009, S.92

[48] vgl. Peridon/Steiner/Rathgeber, 2012, S.527

für sind Rückstellungen, die dem Unternehmen langfristig zur Verfügung stehen, wie z.B. Pensionsrückstellungen. Hierzu wird Kapital für eine zukünftige Auszahlung angehäuft und verzinst. Die Zinsen können entsprechend als Fremdkapitalkosten gewertet werden. Unternehmen berücksichtigen diese Fremdkapitalkosten i.d.R. in Anlehnung an §6a EStG mit einem steuerlichen Diskontierungssatz von 6%.[49]

Durch die hohe Anzahl der Möglichkeiten der Fremdfinanzierung und die damit verbundenen Fremdkapitalkosten, wäre eine detaillierte Darstellung weitaus umfangreicher, als in der vorliegenden Arbeit möglich.

Wichtig darzulegen ist jedoch, dass Unternehmen Fremdkapitalkosten, im Vergleich zu Eigenkapitalkosten, erfolgswirksam berücksichtigen können, indem anfallende Zinsen als Aufwand angesetzt werden dürfen, wodurch das Steuersubstrat gemindert wird. Betragen die Fremdkapitalkosten beispielsweise 8% und unterliegt das jeweilige Unternehmen einem Steuersatz von 30%, so betragen die anzusetzenden Fremdkapitalkosten 5,6% (8%*(1-30%)).

2.3 Wertermittlung und Berechnungen anhand von Kapitalkosten

Nachdem im vorangegangen Kapitel 2.2 die wichtige Bedeutung von Kapitalkosten erörtert (und dargelegt) wurde, dass sich diese aus Eigen- und Fremdkapitalkosten zusammensetzen, soll im folgendem aufgezeigt werden wofür Kapitalkosten genau verwendet werden und welchen Auswirkungen sie für ein Unternehmen haben.

2.3.1 Kapitalstruktur

Die Kapitalkosten setzen sich durch die Gewichtung von Eigen- und Fremdkapital zusammen.

Für eine Unternehmensbewertung durch Anwendung des gewichteten Kapitalkostensatzes werden neben der Kenntnis über die Renditeforderungen von Eigen- und Fremdkapitalgeber noch die Informationen benötigt, die zeigen, wie die Kapitalstruktur des Unternehmens aufgebaut ist. Da die Renditeforderungen unmittelbar von der Kapitalstruktur abhängig sind, lässt sich so der Verschuldungsgrad des Unternehmens ableiten.[50] Der Grad einer niedrigen Verschuldung steigert die Möglichkeiten der Kapitalaufnahme: denn Unternehmensindikatoren in Form einer niedrigen Verschuldung und einem langfristig stabilen Gewinnpo-

---

[49] vgl. Schmeisser/Clausen/Hannemann, 2009, S.92

[50] vgl. Willburger, 2014, S.33

tential stehen für eine nachhaltige Unternehmensentwicklung und wirken so „attraktiver" für potentielle Shareholder.[51] Ein Unternehmen, das mit einer guten Eigenkapitalquote ausgestattet ist, hat einen breiteren finanziellen Spielraum. Es ermöglicht laut Willburger "... jederzeit das Rating, den uneingeschränkten Zugang zu Kapitalmärkten und diversen Fremdfinanzierungsformen sowie die Bedienung der Finanzschulden sicherstellen."[52] Eine hohe Eigenkapitalquote wirkt sich also nicht nur eben auf die Attraktivität potentieller Aktionäre aus, sondern verbessert auch ein externes Rating mit dem kurzerhand Fremdkapital aufgenommen werden kann.

Besonders zu erwähnen ist, dass u.a. auch die Fremdkapitalzinsen i.d.R. sinken da das Kreditrisiko durch eine niedrigere Verschuldung und des hohen Anteils des Eigenkapitals geringer ist als bei einem hohen Verschuldungsgrad. Die Aussage Willburgers ist jedoch kritisch zu beurteilen, da ein wichtiges zentrales finanzielles Zielkriterium die Maximierung der Eigenkapitalrentabilität der Gesellschafter ist. Durch das Verhältnis des Jahresergebnisses (Gewinn) zum eingesetzten Kapital lassen sich die Rentabilitätskennzahlen des Eigen-, Fremd- und Gesamtkapitals errechnen. Ein Unternehmen kann durch Aufnahme von Fremdkapital die Eigenkapitalrentabilität steigern, solange die Gesamtkapitalrentabilität höher als der Fremdkapitalzinssatz liegt (wodurch jedoch die Eigenkapitalquote sinkt). Der sogenannte Leverage-Effekt spricht also unter bestimmten Bedingungen für einen höheren Verschuldungsgrad, weshalb Unternehmen für Investitionen mit Fremdkapital finanzieren könnten, wodurch die Rentabilität des Eigenkapitals gesteigert werden könnte.[53] Durch den Effekt des "Hebels" ergibt sich neben der sog. Leverage-Chance jedoch möglicherweise die Leverage-Gefahr: durch den wachsenden Verschuldungsgrad nimmt das Ausfallrisiko zu wodurch der Fremdkapitalzinssatz steigt. Der Effekt einer steigenden Eigenkapitalrentabilität ist nur gegeben solange der Fremdkapitalzinssatz unter der Investitionsrendite liegt. Die Gefahr tritt jedoch ein, wenn die Investitionsrendite kleiner ausfällt als der Fremdkapitalzins. So sinkt in diesem Fall die Eigenkapitalrentabilität mit zunehmenden Verschuldungsgrad.[54]

---

[51] vgl. Ziermann, 2013, S.210

[52] Willburger, 2014, S.56

[53] vgl. Gündel/Katzorke 2007, S.23

[54] vgl. Peridon/Steiner/Rathgeber, 2012, S.523

Ist also die Investitionsrendite nicht als sicher zu prognostizieren, so sollte dies bei der Ermittlung einer optimalen Kapitalstruktur und korrespondierender Maßnahmen berücksichtigt werden, z.B. durch einen evtl. geringeren Verschuldungsgrad anhand einer geringeren Fremdkapitalaufnahme.

Zwischen der geforderten Eigenkapitalrendite (abgeleitet aus dem CAPM) und dem Verschuldungsgrad existiert zudem der Zusammenhang, dass je höher die Verschuldung eines Unternehmens ist, desto größer die Fremdkapitalkosten in Form von Zinsaufwendungen betragen, die aus dem erwirtschafteten Cash Flow finanziert werden müssen. Im Kontext mit Kapitel 2.2.2 bedeutet dies, dass durch den erhöhten Verschuldungsgrad das Eigenkapitalrisiko steigt, wodurch zwangsläufig auch die Eigenkapitalrenditeforderungen wachsen und es folglich zu höheren Eigenkapitalkosten kommt.[55] Durch einen zunehmenden Verschuldungsgrad muss das jeweilige Unternehmen folglich berücksichtigen, dass es zwar die Eigenkapitalrentabilität unter gewissen Prämissen steigern kann, jedoch möglicherweise auch im selben Zuge die Kapitalgeberrisiken steigen, die zu erhöhten Forderungen der Eigenkapitalgeber (höhere, geforderte EK-Rendite) und Fremdkapitalgeber (höherer Zinsaufwand) führen. Insgesamt steigen (somit) also die Gesamtkapitalkosten.

Seit dem Jahr 2007/2008 ist der Verschuldungsgrad deutscher Unternehmen durchschnittlich gesunken. Jedoch stieg er seit dem Jahr 2013/2014 wieder leicht an, wie die nachfolgende Grafik aufzeigt.[56]

---

[55] vgl. Kuhner/Maltry, 2006, S.176

[56] vgl. KPMG Kostenstudie, 2014, S.29

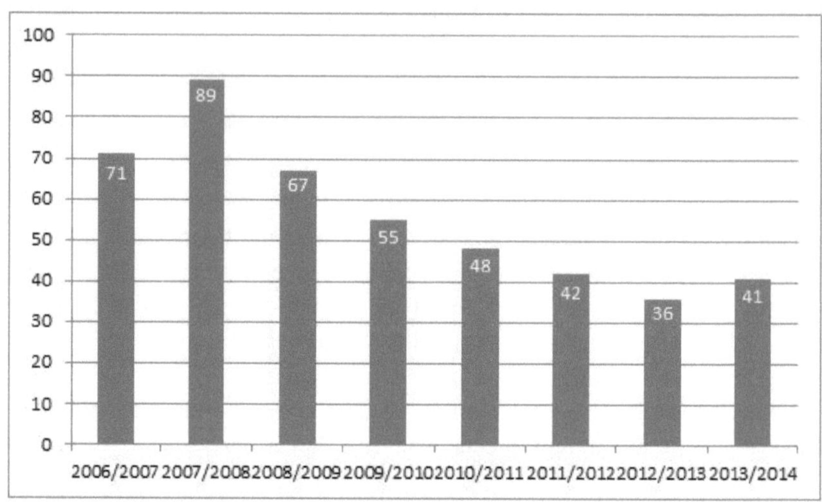

Abbildung 5: Durchschnittlich verwendeter Verschuldungsgrad im Zeitablauf in Prozent (in Anlehnung an KPMG Kostenstudie, 2014, S. 29)

Deutsche Unternehmen nutzten zuletzt mit durchschnittlich 41% die Finanzierung durch Fremdkapital, für die sie gewährleisten müssen, dass genügend Mittel (aus der Geschäftätigkeit) zur Bedienung der Forderungen der Fremdkapitalgeber vorhanden sind.

Um herauszufinden, wie viel Zeit ein verschuldetes Unternehmen benötigt, um seine Schulden zu tilgen, wird oftmals der dynamische Verschuldungsgrad (ausgedrückt in Jahren) berechnet, indem die Effektivverschuldung (Fremdkapital - monetäres Umlaufvermögen) durch den freien Cashflow dividiert wird.[57] Er zeigt wichtige Schlüsse über die Verschuldung auf, womit potentielle Investoren mögliche Finanzierungsprobleme für ihr Investment mit berücksichtigen können.

Für die Ermittlung des Unternehmenswertes spielt die Kapitalstruktur eine bedeutende Rolle, da aus ihr benötigte Variablen abgeleitet werden können die zur Ermittlung des gewichteten Kapitalkostensatzes wesentlich sind.

---

[57] vgl. Becker 2013, S.19

2.3.2 Bedeutung der (zukünftigen) Zahlungsströme (Cashflows)

Unter Cashflows versteht man vereinfacht ausgedrückt den Überschuss eines Unternehmens, der sich aus der Differenz der Einzahlungen und Auszahlungen ergibt.[58] Positive Cashflows erhöhen den Zahlungsmittelbestand, wohingegen negative Cashflows zu einer Verminderung führen.[59] Ermittelt kann er unternehmensintern auf dem direktem Wege, indem die zahlungswirksamen Erträge (Betriebseinnahmen) um die zahlungswirksamen Ausgaben (Betriebsausgaben) gemindert werden. Der so ermittelte Einzahlungsüberschuss wird intern für liquiditätsbezogene Kapitalflussrechnungen angewandt, lässt sich jedoch extern i.d.R. nicht ermitteln, weil externe Bilanzleser die unternehmensinterne Erfolgsrechnung (z.B. welche betrieblichen Erträge und Aufwendungen erfolgs- und zahlungswirksam erfasst wurden) nicht einsehen können. Unter Betrachtung der Werte der Bilanz und der Erfolgsrechnung kann allerdings eine externe Analyse auf dem indirekten Wege ermittelt werden in Folge dessen neben dem Bilanzgewinn noch Rücklagen, Gewinn-/Verlustvorträge, Abschreibungen und Rückstellungen in die Berechnung des Cashflows mit einfließen.[60] Es ergibt sich also folgende Formel zur Ermittlung des Brutto- Cashflows:

Ordentlicher Brutto-Cashflow

> **= ordentliches Betriebsergebnis**
>
> **+Abschreibungen**
>
> **+/- Änderungen langfristige Rückstellungen**
>
> **+ Finanzergebnis**

Der ermittelte Cashflow gibt Investoren Auskunft über die Finanzstärke und Kreditwürdigkeit. Je größer dieser ist, desto besser ist also die Liquiditätslage des Unternehmens.[61]

Für die vorliegende Arbeit ist im Rahmen der Investitionsrechnung und Bewertung im Zusammenhang mit den Kapitalkosten jedoch der freie Cashflow (eng. Free-Cashflow) von Bedeutung, da dieser im Unterschied zum Brutto-Cashflow den Zahlungsmittelüberschuss aufzeigt, der den Kapitalgebern in Form von Schuldentilgungen, Zinszahlungen und Gewinnausschüttungen zur Verfügung

---

[58] vgl. de Jesus Voigt, 2010, S.62

[59] vgl. Becker 2013, S.16

[60] vgl. Peridon/Steiner/Rathgeber, 2012, S.612

[61] vgl. Schmeisser/Clausen/Hannemann, 2009, S.70

steht und um die Investitionen in das Anlagevermögen und das Nettoumlaufvermögen (z.B. Vorräte) "bereinigt" ist.[62]

Anhand des Free-Cashflows lassen sich Erfolgskennzahlen wie die Cashflow-Eigenkapitalrentabilität errechnen ($\frac{Cashflow}{Eigenkapital} * 100$), die als Erfolgs- und Investmentindikatoren dienen, mit deren Hilfe ein Unternehmen gesteuert werden kann. In diesem Zusammenhang wird oftmals in der betriebswirtschaftlichen Theorie der Shareholder-Value-Ansatzes nach Rappaport genannt. Der Ansatz beschreibt das Aktionärsvermögen das auch als Marktwert des Eigenkapitals definiert wird. Das Ziel dieses Shareholder-Value-Ansatzes ist es, die Eigentümerrendite (bestehend aus Kurswertsteigerungen und Dividendenzahlungen) zu maximieren. Der Unterschied zur wertorientierten Unternehmensführung ist aus diesem Grund nicht die Maximierung des sog. inneren Unternehmenswertes (Betrachtung eines angemessenen Preises von Aktien anhand von betriebswirtschaftlichen Daten statt von Börsenkursen), sondern die der Eigentümerrendite.[63] Wenn es nach dem Gedanken Rappaports ginge, steht also der Aktionär im Vordergrund, wonach ein Unternehmen zielgerichtet nach dem Ertragswert des Eigenkapitals wirtschaften müsse. Die Darlegung ist jedoch kritisch zu beurteilen, weil durch diese Zielsetzung Geschäftsbereiche eines Unternehmens aufgegeben werden müssten bzw. es zu keinen Investitionen kommt, dessen Auswirkung nicht explizit die Eigenkapitalrentabilität steigert. Diese Annahme belegt u.a. ein Bericht des Handelsblatts aus dem Jahr 2011, der aussagt, dass für viele Manager schnelle Gewinne, die nächsten Quartalszahlergebnisse und der Jahresbonus im Vordergrund stehen und aus diesem Grund Investitionen verschoben oder auf diese ganz verzichtet werden. Durch das Verlangen nach schnellen Renditen änderte sich entsprechend auch das Verhalten der Aktieninhaber: betrug die Haltedauer zwischen 1940-1955 noch durchschnittlich sieben Jahre, verkaufen heutige Aktionäre ihre Wertpapiere meistens nach einem Jahr.[64]

Eines der drei Komponenten zur Steigerung der Eigentümerrendite ist der gegenwärtige Wert die Free-Cashflows, der, wie bereits erwähnt, die erwirtschafteten finanziellen Mittel einer Periode wiederspiegelt, die für die Eigenkapital- und Fremdkapitalgeberansprüche zur Verfügung stehen.[65]

---

[62] vgl. Becker 2013, S.18f

[63] vgl. Willburger, 2014, S.23f

[64] vgl. Handelsblatt (online), 2011, Abrufdatum 07.08.2015

[65] vgl. de Jesus Voigt, 2010, S.62

Für die Ermittlung des Unternehmenswert zum Betrachtungszeitpunkt (t_0) müssen die zukünftigen Cashflows prognostiziert werden. Prognostizierte Werte, also zukünftige Zahlungsströme, sind stets mit einem Risiko verbunden. Die zur prognostizierenden Cashflows können in Form von Vergangenheitswerten ermittelt werden, indem man die Einzahlungsüberschüsse der jüngeren Vergangenheit als Maßstab nimmt, z.B. anhand der Einzahlungen des Vorjahres.[66]

Im Rahmen der Unternehmensbewertung und Investitionsrechnung spielt die Höhe der Jahresüberschüsse neben den Kapitalkosten eine wesentliche Rolle. Unternehmensbewertung und Investitionsrechnung sind beide zahlungsstromorientierte Rechnungen, bei denen die zahlungswirksamen Überschüsse erfasst werden und zukünftige Überschüsse zu prognostizieren sind.[67] Wenn die Cashflows über mehrere Jahre hinweg keine großen Veränderungen aufweisen, so kann dies als Indikator gewertet werden, dass sich das jeweilige Unternehmen in einer finanzwirtschaftlichen, stabilen Situation befindet und zukünftige Cashflows etwa in gleich Höhe ausfallen werden und somit ohne große Schwankungen zu prognostizieren sind.[68]

Aus der anglo-amerikanischen Bewertungspraxis zur Wertermittlung des Unternehmens dient das Discounted-Cashflow-Verfahren, welches seit Jahren bundesweit verbreitet und angewandt wird.[69] Die Vorgehensweise und der Grundgedanke folgen dem der Investitionsrechnung. Dieser besagt, dass der Wert einer Investition der Summe der abgezinsten Cashflows entspricht, die der Investor generiert.[70] Anhand der in der Unternehmensplanung ermittelten zukünftigen Zahlungsüberschüsse können diese mithilfe eines Kapitalisierungs-/Kalkulations- oder des gewichteten Kapitalkostensatzes auf den Bewertungsstichtag diskontiert werden, um so die Rentabilität einer Investition (z.B. anhand des Kapitalwertverfahrens) zu ermitteln oder den gegenwärtige Wert eines Unternehmens zu berechnen. Das Verfahren basiert somit auf dem Konzept des Barwertes.[71] Der Grund der Diskontierung liegt in der Tatsache, dass die Investitionsentscheidungen zum „Tag der Entscheidung" bzw. auf den Betrachtungszeitpunkt

---

[66] vgl. ebd., S.62

[67] vgl. Schmeisser, et al., 2008, S.118

[68] vgl. Schmeisser/Clausen/Hannemann, 2009, S.70

[69] vgl. Kuhner/Maltry, 2005, S.195

[70] vgl. Heinze/Radinger, 2011, S.48

[71] vgl. Peridon/Steiner/Rathgeber, 2012, S.227

fallen, weshalb die zukünftigen Cashflows abgezinst werden müssen, um den aktuellen Wert für die gewünschten Rechnungen zu ermitteln.[72]

Wann welcher Zinssatz verwendet wird, liegt in der erwünschten Wertermittlung. Werden die Cashflows vor Zinsen nach der sog. Entity-Methode diskontiert, wird der gewichtete Kapitalkostensatz angewandt, um zunächst den Gesamtunternehmenswert zu ermitteln. Nach Abzug des Fremdkapitals lässt sich auf diesem Weg der Wert des Eigenkapitals ermitteln. Für die sog. Equity-Methode, die vor allem im Bereich des Wertmanagements von Banken herangezogen wird, wird hingegen der risikoadjustierte Eigenkapitalkostensatz verwendet, mit denen die Cashflows diskontiert werden.[73]

Die Schwierigkeit des DCF-Verfahrens liegt in der Wahl des Kapitalisierungszinssatzes, mit der die Diskontierung vorgenommen wird, da er sich maßgeblich auf den Unternehmenswert und die Prognose der zu erwarteten Cashflows auswirkt. Wie bereits im CAPM-Modell beschrieben, hängt der Kapitalisierungszinssatz von der Beurteilung des Risikos ab, das durch Faktoren wie die Genauigkeit der zu prognostizierenden Cashflows, der Finanzierungsstruktur und durch die Steuersätze, in Form der Körperschafts- oder Ertragsteuer, bestimmt wird.[74]

Wenn es um die Prognose von Zukunftswerten geht, ist es leicht nachzuvollziehen, dass eine vollkommen genaue Vorhersage schwierig ist. Bei der Prognose der zu erwartenden Cashflows spielt deshalb der Planungshorizont eine wichtige Rolle, denn je ferner die Zahlungsströme in der Zukunft liegen, desto ungenauer ist deren Schätzung. Deshalb sollte die Prognose der Cashflows idealer Weise in zwei verschiedene Phasen unterteilt werden: einmal wäre dies die nähere Phase (i.d.R. eine fünf-zehnjährige Prognoseperiode) und die Phase die weiter in der Zukunft liegt (fernere Phase) wofür der sog. Residualwert („ewige Rente") berechnet wird, der entsprechend, wie die Cashflows davor, ebenfalls zu diskontieren ist.[75] Wenn die Cashflows in des näheren Planungshorizonts immer konstant an Wert zunahmen, ist der Überschuss der ferneren Phase ähnlich identisch wie der letzte Cashflow der näheren Phase. Die Höhe des entsprechenden Cashflows, also des Residualwertes, errechnet sich in seiner Höhe, indem er durch

---

[72] vgl. Heinze/Radinger, 2011, S.48

[73] vgl. Peridon/Steiner/Rathgeber, 2012, S.17

[74] vgl. Klamar/Sommer/Weber, 2013, S.34

[75] vgl. Willburger, 2014, S.31f

den Diskontierungszinssatz (z.B. WACC) dividiert wird und bei der Wertermittlung, wie die anderen Cashflows, über die Diskontierung, mit einzubeziehen ist.[76] Der Residualwert (auch Fortführungswert genannt) ist neben den betrieblichen Cashflows und den nicht-betriebsnotwendigen Vermögenswerten, eine der drei Komponenten für die Steigerung des Shareholder-Values.[77] Der Begriff und dessen Einbeziehung werden für eine längerfristige Unternehmensfortführung mit in der Berechnung im Sinne des going concern erfasst.

Neben der Höhe der Cashflows und des Residualwertes ist im Folgenden wichtig den Diskontierungszins genauer zu betrachten, um den Zusammenhang des Einflusses der Kapitalkosten auf Unternehmen zu verdeutlichen. Die Diskontierung im Rahmen des DCF-Verfahrens erfolgt in der Praxis meist über den gewichteten Kapitalkostensatz, der nachfolgend beschrieben werden soll.

2.3.3 WACC-Verfahren und dessen Anwendungsmöglichkeiten

Nachdem die benötigten Determinanten, wie die Eigenkapitalkosten (Kapitel 2.2.1), Fremdkapitalkosten (Kapitel 2.2.3) und die Bedeutung und Auswirkungen die Kapitalstruktur (Kapitel 2.3.1) für ein kapitalmarktorientiertes Unternehmen ausführlich erläutert wurden, soll anknüpfend beschrieben werden, wie sich der sog. gewichtete Kapitalkostensatz (engl. Weighted-Average-Cost-of-Capital) aus den drei genannten Komponenten berechnen lässt und wofür dieser verwendet wird.

Zur Berechnung des gewogenen, durchschnittlichen Kapitalkostensatzes werden die Renditeforderungen der Eigen- und Fremdkapitalgeber (also entsprechende Eigenkapital- bzw. Fremdkapitalkosten) und die Marktwerte des Eigen- und Fremdkapitals herangezogen, aus denen sich die Kapitalstruktur ableiten lässt, indem diese ins Verhältnis zum Gesamtkapital gesetzt werden.

In diesem Zusammenhang ergibt sich jedoch das sog. Zirkulationsproblem.

---

[76] vgl. Becker 2013, S.90ff

[77] de Jesus Voigt, 2010, S.62ff

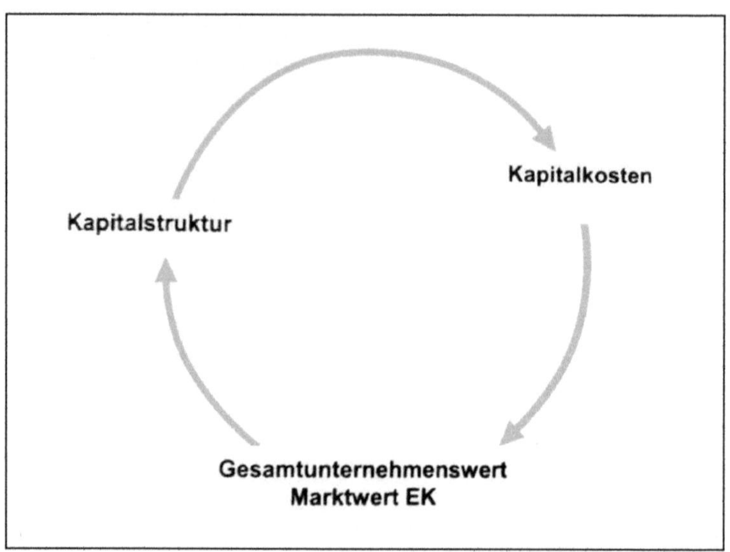

Abbildung 6: Zirkulationsproblem im Equity-Ansatz (in Anlehnung an Peridon/Steiner/Rathgeber, 2012, S. 233)

Da die Eigen- und Fremdkapitalforderungen unmittelbar von der von der Kapitalstruktur abhängig sind, kann so der Verschuldungsgrad zunächst einfach abgelesen werden indem das Eigen- bzw. Fremdkapital ins Verhältnis zum Gesamtkapital gesetzt wird. Der Verschuldungsgrad als Risikoindikator wirkt sich jedoch, wie bereits erwähnt, wiederum auf die geforderte Verzinsung aus. Ist die entsprechende Verzinsung nicht bekannt, lässt sich auch keine Kapitalstruktur festlegen, da die Angabe der Verschuldung fehlt. Das Problem kann gelöst werden, indem eine langfristig geplante Zielkapitalstruktur festgelegt wird, bei der die Fremdkapitalkosten prognostiziert werden (durch die Einholung von Zinsforderungen z.B. von Banken).

Die Eigenkapitalkosten zu schätzen ist hingegen etwas komplexer. Jedoch können diese anhand des CAPM-Modells durch die relevante Marktbetrachtung ermittelt werden.[78]

Zur Berechnung des WACC ist als letzte Variable im Rahmen der Wert- oder Investitionsrechnungen die Beeinflussung durch die Fremdfinanzierung in Form des Steuervorteils bzw. des Steuerkorrekturfaktors des sog. tax shield zu berück-

---

[78] vgl. Willburger, 2014, S.33f

sichtigen.[79] Der Steuervorteil ergibt sich dadurch, dass die Fremdkapitalzinsen in der Erfolgsrechnung als Aufwand angesetzt werden, die zu einer Reduzierung des zu besteuernden Gewinnsubstrats führen. In der Ermittlung des WACC wird von einer „einfachen" Steuerwelt ausgegangen: es wird angenommen, dass die Steuern voll abzugsfähig sind und lediglich vom Fremdkapital abhängig sind. In der Realität ist dies tatsächlich nicht der Fall, weil beispielsweise 25% der Fremdkapitalzinsen der Gewerbesteuer hinzuzurechnen, sowie das Zinsen und Dividenden der Anteilseigner, mit einer Abgeltungssteuer behaftet sind.[80] Der WACC rechnet in dem Sinne nicht mit sämtlich anfallenden Steuern aus Sicht des Unternehmens und der Anteilseigner, sondern betrachtet nur die Abzugsfähigkeit der Fremdkapitalzinsen für die Bemessungsgrundlage der zu zahlenden Unternehmenssteuer.

Während die Free-Cashflows unter der Prämisse eines eigenfinanzierten Unternehmens errechnet werden, wird der Fremdkapitalaufwand neben der Kapitalstruktur u.a. mit in der Berechnung des WACC berücksichtigt.[81]

Formell lässt sich das DCF-Verfahren des WACC wie folgt aufstellen.[82]

$$WACC = r_{EK} * \frac{MEK}{MGK} + r_{FK} * (1 - s) * \frac{MFK}{MGK}$$

WACC = **Weighted-Average-Cost-of-Capital**

rEK = **Eigenkapitalkostensatz**

MEK = **Marktwert des Eigenkapitals oder Eigenkapitalanteil**

MFK = **Marktwert des Fremdkapitals oder Fremdkapitalanteil**

rFK = **Fremdkapitalkostensatz**

s = **Ertragssteuersatz**

MGK = **Marktwert des Gesamtkapitals**

Im berechneten durchschnittlich gewichteten Kapitalkostensatz können im Zusammenhang mit dem DCF-Ansatz sämtliche Kosten des Kapitals, die den Renditeforderungen der Kapitalgeber entsprechen, erfasst werden, mit denen die er-

---

[79] vgl. Wolter, 2011, S.41

[80] vgl. Peridon/Steiner/Rathgeber, 2012, S.230

[81] vgl. Peridon/Steiner/Rathgeber, 2012, S.229

[82] vgl. Becker 2013, S. 93

warteten freien-Cashflows diskontiert werden.[83] Durch die Diskontierung ist es möglich, den Wert aller erwarteten Cashflows am Ermittlungsstichtag zu ermitteln.

Steht ein errechneter WACC als Diskontierungsfaktor fest, kann auf diesem Weg die Wirtschaftlichkeit bzw. die Rentabilität von Investitionen (z.B. anhand einer Kapitalwertmethode) oder der Marktwert des Gesamtkapitals ermittelt, der im Folgenden berechnet wird.[84]

$$MWG = \sum_{t=1}^{n} \frac{FCF_t}{(1+WACC)^t} + \frac{RW}{(1+WACC)^n}$$

MWG = **Marktwert des Gesamtkapitals**

t = **Jahresindex**

n = **Letztes Jahr der näheren Phase**

FCF = **Freie Cashflows**

WACC = **Weighted-Average-Cost-of-Capital**

RW = **Residualwert**

Betrachtet man die Formel zu Berechnung des Marktwerts des Gesamtkapitals, so ist ersichtlich, dass neben den diskontierten Free-Cashflows der Residualwert von Bedeutung ist, weil er einen wesentlichen Einfluss bei der Wertermittlung hat.[85] Die ewige Rente in Form des Residualwerts kann jedoch durch einen Liquidationserlös ersetzt werden, wenn nicht mehr von einer Unternehmensfortführung im Sinne des going concern ausgegangen wird.[86] Entsprechend wird der Residualwert durch den Wert ersetzt, der sich aus dem Verkauf der Vermögensgegenstände bei Unternehmsauflösung ergibt. Unabhängig davon, welche von beiden Werten bei der Wertermittlung in die Berechnung einfließt, sind diese, wie die Cashflows ebenfalls zu diskontieren.

Bei der Wertermittlung ist bei einer Unternehmensfortführung möglicherweise noch ein Wachstum zu berücksichtigen: rechnet ein Unternehmen in der ferneren Phase mit einer jährlichen Wachstumsrate (der Cashflows), so ist dieser bei

---

[83] vgl. Willburger, 2014, S.31

[84] vgl. Schmeisser, et al., 2008, S.143

[85] vgl. Klamar/Sommer/Weber, 2013, S.229

[86] vgl. ebd., S.97

der Berechnung der ewigen Rente vom Diskontierungsfaktor wie dem WACC abzuziehen, sodass sich der Residualwert erhöht und dieser dann, wie die Free-Cashflows der näheren Phase, abzuzinsen ist.[87]

Die Verwendung des WACC als Diskontierungsfaktor ermöglicht es also, Investitionsrechnungen (bzw. Rentabilitätsrechnung) und den Marktwert des Gesamtkapitals durch die Barwertermittlung zu berechnen. Es wurde unterstellt, dass der WACC für alle Perioden als einheitlicher Diskontierungszins angewendet wird, womit also von einer flachen Zinsstrukturkurve ausgeht.[88] Dies vereinfacht die Wertermittlung zum Stichtag.

Der Diskontierungszins kann sich verständlicherweise innerhalb der Perioden durch die verschiedensten Faktoren (z.B. am Kapitalmarkt) so verändern, dass der Zins, der in den Perioden zuvor berechnet wurde, angepasst werden muss.

Der WACC als Diskontierungszins, der die gewichteten, durchschnittlichen Forderungen der Kapitalgeber widerspiegelt, wird u.a. auch zur Unternehmenswertermittlung verwendet.

Das Ziel der wertorientierten Unternehmensführung ist die Steigerung des Unternehmenswerts, der anders ausgedrückt, dem Wert des Eigenkapitals (Shareholder-Value) entspricht.[89] Als Grundlage für die Ermittlung des Unternehmenswerts wird ebenfalls, wie bei der Berechnung des Marktwerts des Eigenkapitals, sämtliche zukünftige freie-Cashflows und der Residualwert, identisch wie bei der Berechnung des Marktwerts des Gesamtkapitals auch, mit Anwendung des WACC diskontiert. Als zusätzliche Zahlungsgröße kommen mögliche Überschüsse aus dem nicht betriebsnotwendigen Vermögen hinzu, die innerhalb der zukünftigen Perioden durch die Liquidation der Vermögensgegenstände entstehen und dem Unternehmen demnach als Cashflow zufließen. Um den Unternehmenswert im Sinne des Shareholder-Values abschließend zu berechnen, muss entsprechend der Marktwert des Fremdkapitals vom Gesamtunternehmenswert abgezogen werden, da es sich beim Fremdkapital, wie der Begriff schon sagt, nicht um Kapital handelt, das von der Eigenkapitalgeberseite stammt.

---

[87] vgl. Becker 2013, S. 90

[88] vgl. Peridon/Steiner/Rathgeber, 2012, S.190

[89] vgl. Klamar/Sommer/Weber, 2013, S.229

Sobald alle nötigen beschriebenen Determinanten vorhanden sind, kann mit Hilfe folgender Formel der Unternehmenswert berechnet werden[90]:

$$UW = \sum_{t=1}^{n} \frac{FCF_t}{(1+WACC)^t} + \frac{RW}{(1+WACC)^n} + \sum_{t=1}^{n} \frac{\ddot{U}^{nbV}_t}{(1+WACC)^t} - MFK$$

UW   = **Unternehmenswert (oder hier: Wert der Immobilie)**

t   = **Jahresindex**

n   = **Letztes Jahr der näheren Phase**

FCF   = **Freie Cashflows**

WACC   = **Weighted-Average-Cost-of-Capital**

RW   = **Residualwert**

Ü[nbV]   = **Überschuss des nicht betriebsnotwendigen Vermögen**

MFK   = **Marktwert des Fremdkapital**

Durch die Formel lässt sich der Unternehmenswert auf Basis zukünftiger Zahlungsströme ermitteln. Der Wert des Unternehmens kann jedoch um einiges höher liegen, da beispielsweise andere Werte des Unternehmens, wie bereits angeschaffte materielle Vermögensgegenstände, die bilanziert wurden, nicht mit einbezogen werden. Vor allem immaterielle Werte, wie die Leistungsfähigkeit der Mitarbeiter, deren Werte sich nur schwer ermitteln lassen, spielen in der Unternehmensbewertung durch den DCF und den WACC keine Rolle.[91]

2.4 Einflussfaktoren auf die Höhe der Kapitalkosten und deren Auswirkung in der Wertermittlung

Die Kapitalkosten eines Unternehmens setzen sich aus den Renditeforderungen der Eigen- und Fremdkapitalgeber zusammen. Die Höhe der jeweiligen Forderungen kann sich im Zeitablauf durch verschiedene Faktoren ändern, die im weiteren Verlauf beschrieben werden sollen.

Die Renditeforderungen der Eigenkapitalgeber können, wie bereits dargestellt, durch das CAPM-Modell ermittelt werden. Betrachtet man sich hierzu zunächst nochmals die Komponenten, aus denen sich die Eigenkapitalkosten zusammensetzen (Eigenkapitalkosten = risikofreie Rendite + ß * (Marktrisikoprämie)), können durch die Veränderungen einzelner Determinanten die Höhe der Eigen-

---

[90] vgl. Becker, 2013, S. 93

[91] vgl. Wolter, 2011, S.12

kapitalkosten variieren. Durch den gesunkenen Leitzins, der in Folge der Entscheidungen der EZB in den vergangenen Jahren festgelegt wurde, ergibt sich eine Veränderung der risikofreien Rendite bzw. des risikolosen Zinssatzes. Betrug der Leitzins im zweiten Quartal 2011 noch 1,50% sank er bis zuletzt auf einen Zinssatz von 0,05% (drittes Quartal 2014).[92] Die Leitzinsen für den Euroraum haben augenscheinlich einen Einfluss auf die Verzinsung von Bundesanleihen: sank der Leitzins in den vergangenen Jahren, so sank auch der entsprechende Kupon für zehnjährige Schuldverschreibungen des Bundes.[93] In der Praxis und in zahlreichen betriebswirtschaftlichen Publikationen zum CAPM-Modell werden Verzinsungspapiere von öffentlichen Emittenten, also eben solche wie Bundesanleihen, als risikoloser Zinssatz verwendet.[94] Zu Beginn des Jahres 2015 berichtete die Frankfurter Allgemeine Zeitung von einer herausgegebenen Schuldverschreibung des Bundes mit einem nullprozentigen Zinssatz für fünfjährige Anleihen.[95] Die Verzinsung für zehnjährige Schuldverschreibungen lag zuletzt bei 0,50%, also nur unwesentlich höher. Unternehmen müssten c.p. mit niedrigeren Eigenkapitalkosten, unter Annahme des CAPM aufgrund des sinkenden, risikofreien Basiszinses im Zeitverlauf der vergangenen Jahre rechnen bzw. diese in die Kapitalkostenermittlung mit einbeziehen.

Unter gleichen Umständen würde unter der Prämisse von einer bleibenden Kapitalstruktur und Fremdkapitalanteils dementsprechend auch der durchschnittlich gewogene Kapitalkostensatz des WACC sinken. Führt man die Auswirkungen von nun geringeren Eigenkapitalkosten fort, ändern sich entsprechende Werte in den Investitionsrechnungen und der Unternehmensbewertung, da der abnehmende WACC durch die sinkenden Eigenkapitalkosten zu einem höheren Kapital- bzw. Unternehmenswert führen. Der mathematische Grund liegt am sich verändernden abnehmenden Diskontierungsfaktor des WACC.

Neben dem risikofreien Basiszins sind die Marktrisikoprämie und der Betafaktor noch maßgeblich für Veränderungen der Eigenkapitalkosten im CAPM. Die Rendite, die der Investor über den Basiszins hinaus noch durch das Halten eines Marktportfolios fordert (Marktrisikoprämie), stieg seit dem Jahr 2011/2012 bei

---

[92] vgl. Europäische Zentralbank (online), 2015, Abrufdatum 17.08.2015

[93] vgl. Deutsche Finanzagentur (online), o.J., Abrufdatum 17.08.2015

[94] vgl. Kuhner/Maltry, 2006, S.168

[95] vgl. FAZ (online), 2015, 17.08.2015

deutschen Unternehmen durchschnittlich auf 6% an, wie folgende Grafik aufzeigt.[96]

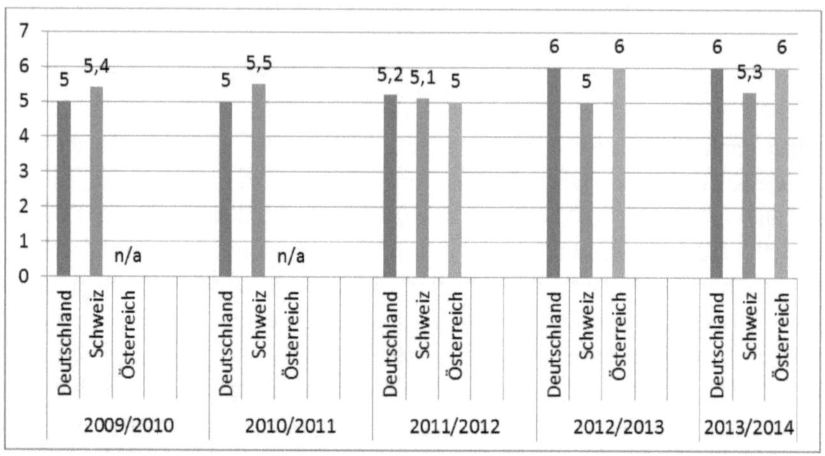

Abbildung 7: Durchschnittlich verwendete Marktrisikoprämie im Zeitablauf – Angabe in Prozent (in Anlehnung an KPMG Kostenstudie, 2014, S. 26)

Die Veränderung der Marktrisikoprämie entwickelte sich also entgegen der Entwicklung des Leitzinses. Laut der durchgeführten Kostenstudie einer Wirtschaftsprüfungsgesellschaft lag die Ursache in der durch die Krise bedingten höheren Risikoaversion (risikoscheues Verhalten der Investoren). Die Unternehmen folgten aus diesem Grund der Empfehlung des Fachausschusses für Unternehmensbewertung und Betriebswirtschaft (FAUB), die eine Marktrisikoprämie von einer Bandbreite von 5,50% bis 7,00% für die Unternehmen vorschlugen.[97] Eine steigende Marktrisikoprämie, wie sie z.B. anhand des Zeitverlaufs der Grafik zu entnehmen ist, führt im Rahmen des CAPM c.p. ebenfalls zu höheren Eigenkapitalkosten, da sich der zu multiplizierende Wert der Marktrisikoprämie erhöht.

Die zu betrachtende letzte Determinante als wertbeeinflussender Faktor ist der Betafaktor, der im CAPM beschreibt "...in welchem Ausmaß der Kurs einer Aktie die Schwankungen des Gesamtmarktes nachvollzieht."[98] Am häufigsten wird der Betafaktor eines Unternehmens anhand von Vergleichsunternehmen (sog.

---

[96] vgl. KPMG Kostenstudie, 2014, S.26

[97] vgl. ebd.

[98] Heinze/Radinger, 2011, S. 49

Peer Group) und unter Berücksichtigung eines Branchenbetas bestimmt.[99] Ein festgelegter Beta-Wert verhält sich in Abhängigkeit zum Gesamtmarkt, was die Rendite betrifft. Beträgt der Beta-Faktor beispielsweise 1,00 bedeutet dies, dass das jeweilige Wertpapier im selben Maß schwankt wie der Gesamtmarkt z.B. der DAX.[100] Steigt die Marktrendite durch wirtschaftliche Faktoren angenommen auf 6,00%, so steigt auch die jeweilige Rendite der Aktie um 6 %. „Je höher der Beta-Faktor (also die Schwankungsbreite), desto höher das Risiko bzw. die Chance des Investors und desto höher die geforderte Risikoprämie."[101] Diese Aussage lässt sich durch die Marktbetrachtung und die Rendite bzw. den Kurs eines Wertpapiers gut ableiten: wenn der relevante Gesamtmarkt beispielsweise um 1,00% steigt und der Kurs eines Wertpapiers sich um 1,40% erhöht, beträgt der Betafaktor des entsprechenden Unternehmens 1,4. Wenn der Betafaktor dem zu Folge größer 1,00 beträgt, kann bei einem steigenden Gesamtmarkt mit einer überproportionalen Entwicklung des Aktienkurses gerechnet werden, wie folgende Grafik nochmals verdeutlicht.[102]

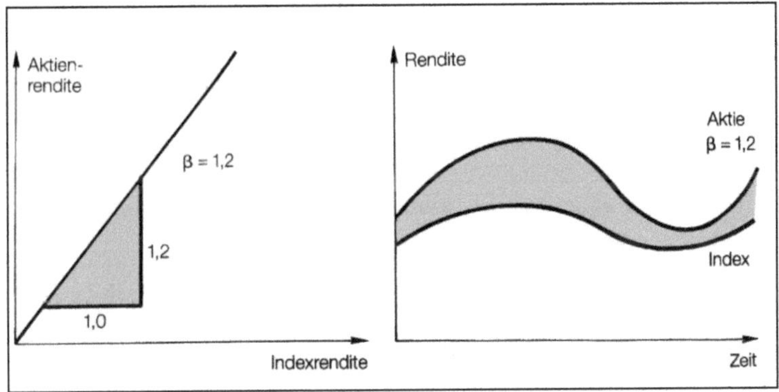

Abbildung 8: Das Verhältnis des Beta-Faktors und der Rendite (in Anlehnung an Peridon/Steiner/Rathgeber, 2012, S. 298)

---

[99] vgl. Hachmeister/Ruthardt/Mager, 2015, S.216

[100] vgl. Heinze/Radinger, 2011, S.50

[101] vgl. ebd.

[102] vgl. Peridon/Steiner/Rathgeber, 2012, S.297f

Steigt der Betafaktor eines Unternehmens im Vergleich zu vergangenen Perioden, so führt ein höherer Wert c.p. ebenfalls, wie die Marktrisikoprämie, zu höheren Eigenkapitalkosten, wodurch auch der Kapitalkostensatz des WACC steigt.

Die jeweiligen Veränderungen der Determinanten der Eigenkapitalkosten erhöhen oder verringern den WACC unter der Prämisse einer sich nicht verändernden Kapitalstruktur.

Verändert sich die Gewichtung des Kapitals, z.B. durch einen höheren Fremdkapitalanteil, so sind die Renditeforderungen der Fremdkapitalgeber in der Berechnung des WACC folglich höher zu bewerten.

Gegenläufig bestünde die Alternative, dass die Fremdkapitalforderungen, bedingt durch die Fremdkapitalzinsen abnehmen, wie z.B. durch Tilgung der Verbindlichkeiten oder Aufnahme von günstigerem Fremdkapital aufgrund der günstigeren Zinsentwicklung. Dementsprechend würde der WACC, unter Betrachtung der Formel in Kapitel 2.3.3., aufgrund der geringeren Zinsforderungen (r_{FK}), sinken. Durch die geringeren Renditeforderungen der Fremdkapitalgeber sinkt der Aufwand für Fremdkapitalzinsen in der Erfolgsrechnung, wonach die Steuerbemessungsgrundlage wiederum steigt.[103]

Der WACC kann sich also zum einen durch die jeweiligen Veränderungen der Renditeforderungen der Kapitalgeber verändern oder durch eine Änderung der Kapitalstruktur, die ein Unternehmen wählt.

Änderungen der Kapitalstruktur beeinflussen die Rendite aber auch das Risiko der Kapitalgeber. Versucht ein Unternehmen die Eigenkapitalrentabilität mit Hilfe des Leverage-Effekts zu steigern, nimmt es hierzu vermehrt Fremdkapital auf, unter der Annahme, dass die Gesamtkapitalrendite über dem Fremdkapitalzinssatz liegt (vgl. Kapitel 2.3.1). Durch den höheren Fremdkapitalanteil steigt das sog. finanzwirtschaftliche Risiko, das auch Kapitalstrukturrisiko genannt wird. Der höhere Verschuldungsgrad des Unternehmens (aufgrund des zunehmenden Risikos) erhöht die Renditeforderungen der Fremdkapitalgeber. Da diese aus den zukünftigen Zahlungsströmen zuerst bedient werden, führt der höhere Fremdkapitalanteil entsprechend zu einer größeren Schwankung der Renditen der Eigenkapitalgeber, die dadurch ihre erwartete Rendite ebenfalls erhöhen.[104]

---

[103] vgl. Heinze/Radinger, 2011, S.48

[104] vgl. Schmeisser, et al., 2008, S.127f

Mit höherem Fremdkapitalanteil steigen eben nicht nur die Forderungen von Fremdkapitalgebern, sondern auch die der Eigenkapitalgeber, sodass sich der WACC in mehreren Determinanten verändert (die Kapitalstruktur mit inbegriffen).

Ein sich veränderer WACC führt unter der Perspektive von einerseits der Investitionsrechnung und andererseits der Wertermittlung, wie beispielsweise im Rahmen der Unternehmensbewertung zu unterschiedlichen Ergebnissen.

So führt z.B. ein geringerer WACC als Diskontierungsfaktor zu einer sich verändernden Wirtschaftlichkeit bei dynamischen Investitionsrechnungen. Wird hierzu die Kapitalwertmethode angewendet, können entsprechende Einzahlungsüberschüsse durch den WACC, wie in der folgenden Formel ersichtlich, abgezinst werden.[105]

$$K_0 = -A_0 * \sum_{t=1}^{n} \frac{EZ\ddot{U}_t}{(1+i)^t}$$

K_0   **= Kapitalwert zum Ermittlungsstichtag**

A_0   **= Anschaffungswert zum Zeitpunkt null**

t   **= Jahresindex**

n   **= Nutzungsdauer des Investitionsobjekts (in Jahren)**

$EZ\ddot{U}_t$ **= Einzahlungsüberschuss zum Zeitpunkt t**

i   **= Diskontierungszinssatz**

Verändert sich der Diskontierungszinssatz, in der Formel ausgedrückt im i, so kommt es bei einem steigenden Diskontierungssatz (z.B. anhand des WACC) zu einem niedrigeren Kapitalwert. Begründen lässt sich ein höherer Zinssatz durch die steigenden Kapitalkosten, die im WACC ausgedrückt werden. Sinkt der WACC c.p. hingegen, so wird folglich mit einem niedrigen Kapitalkostensatz diskontiert, sodass die Barwerte zunehmen. Kann durch die Diskontierung ein positiver Kapitalwert errechnet werden, so spricht die Entscheidung für die Investition.[106] Die Auswirkung eines sich verändernden WACC lassen sich in selber Weise auch auf die Ermittlung des Unternehmenswerts übertragen, sodass der Wert des Eigenkapitals im Sinne des Shareholder-Values durch einen niedrigeren WACC gesteigert werden kann. Grundsätzlich gilt hierbei, dass der Ein-

---

[105] vgl. Becker, 2013,S.60f

[106] vgl. Haunerdinger/Probst, 2006, S.155

satz der Finanzmittel zukünftig mehr Ertrag erwirtschaften soll als die Kapitalkosten, um die Wirtschaftlichkeit, Rentabilität und damit die Wettbewerbssituation zu verbessern.[107]

Die Auswirkungen von niedrigeren Kapitalkosten führen zusammenfassend also dazu, das Unternehmen investieren sollten, da das Kriterium eine Rendite über den Kapitalkosten zu erwirtschaften gesunken ist und der Wertzuwachs durch niedrigere Diskontierungszinsen gesteigert werden kann.

Ob deutsche Unternehmen in den vergangenen Jahren, in denen die Leitzinsen signifikant gesunken sind, auch ihre Kapitalkosten für unternehmerische Entscheidungen anpassten und reduzierten, gilt es im Folgenden zu untersuchen.

---

[107] vgl. Benisch, 2015, S.1

3. Empirische Untersuchung der Kapitalkosten der DAX-Unternehmen

Für die Untersuchung der Kapitalkosten sollen exemplarisch deutsche Unternehmen, die im DAX 30 gelistet sind, analysiert werden.

Der DAX, als Performance- und Kursindex bildet seit seiner Veröffentlichung im Jahr 1988 die Wertentwicklung der 30 führenden deutschen Unternehmen ab, die an der deutschen Börse gehandelt werden.[108] Die Unternehmen mit der größten Marktkapitalisierung im DAX sind die Konzerne von Volkswagen, Daimler, Bayer, Siemens und SAP.[109]

Vernachlässigt werden in der vorliegenden Untersuchung, aufgrund ihrer wesentlichen Unterscheidung in der Kapitalstruktur, die Finanzinstitute der Deutschen Bank und der Commerzbank.

Da explizit untersucht werden soll, wie Kapitalkosten der Unternehmen sich in Abhängigkeit zu den Leitzinsen entwickelten, wurden als Betrachtungszeitpunkte die Jahre 2003 (Leitzins 2,00%), 2008 (Leitzins 4,25%) und 2014 (Leitzins 0,05%) gewählt, weil die Höhe des Leitzinses innerhalb dieser drei Jahre zueinander stark variieren.[110] Die Tatsache, dass einige Unternehmen wie z.B. Beiersdorf (DAX-Listung erst seit 2008) und HeidelbergCement (DAX-Listung seit 2010) nicht zu allen analysierten genannten Jahren im DAX vertreten waren, reduzierte die zu betrachtenden Untersuchungsobjekte in Form der Unternehmen auf die Anzahl von 21.

Die Analyse der Kapitalkosten erfolgt ausschließlich auf Grundlage der an die Öffentlichkeit publizierten Geschäftsberichte für die jeweiligen betrachteten Geschäftsjahre. Unternehmensinformationen aus anderen vorhandenen Quellen wurden nicht hinzugezogen, da die Herkunft der Daten nicht bekannt und durch die Unternehmen autorisiert bzw. veröffentlicht sein könnten.

3.1 Kapitalkostenanalyse

Nachdem in den vorgegangenen Kapiteln die Zusammensetzung der Kapitalkosten und deren Einflussfaktor auf die Wertermittlung und Investitionsrechnungen beschrieben wurde, gilt es im Folgenden die Geschäftsberichte auf die wesentli-

---

[108] vgl. Altendorf, et al., 2009, S. 28

[109] vgl. Finanzen.net (online), 2015, Abrufdatum: 22.08.2015

[110] vgl. Europäische Zentralbank (online), 2015, Abrufdatum 17.08.2015

chen Determinanten, die einen direkten Einfluss auf die Höhe der Kapitalkosten haben, genauer zu analysieren und wertverändernde Faktoren zu untersuchen.

3.1.1 Entwicklung der Kapitalmarktzinsen

Der aktuelle Leitzins, der zuletzt am 04.09.2014 gesenkt wurde, hat sich bis zum dritten Quartal 2015 nicht verändert.[111] Seit Beginn des dritten Quartals 2014 befindet sich der Leitzins auf einem Rekordtief von 0,05%.[112] In Folge der Entwicklung veränderte sich der Kupon für staatliche Bundesanleihen: die ausgegebenen Anleihen mit zehnjähriger Laufzeit wiesen nur noch einen Kupon von 0,50% (ISIN DE0001102374) aus.[113] Unternehmen, die ihren risikofreien Basiszins anhand von zehnjährigen Staatsanleihen oder der Zinsstrukturkurve ableiten (deren Zins i.d.R. auch von Staatsanleihen abgeleitet wird), müssten also für die Berechnung der Eigenkapitalkosten mit einem in etwa ähnlichem Wert rechnen und diesen so entsprechend angeben.

Nur lediglich 10 der 21 Unternehmen gaben im Geschäftsjahr 2014 in ihren Geschäftsberichten Auskunft über den von ihnen angesetzten Basiszins. Der niedrigste Wert lag mit 0,74 Prozentpunkten über dem Basiszins (Deutsche Börse, angesetzter Basiszins 1,24% - abgeleitet von zehnjährigen Bundesanleihen). Berechnet man den Mittelwert aus den ausgegebenen Bundesanleihen des Jahres 2014 mit zehnjähriger Laufzeit, so ergibt sich ein durchschnittlicher Jahreskupon in Höhe von 1,42%.[114] Die Deutsche Börse setzte also mit einer Abweichung von 0,18% den beinahe identischen risikofreien Zins für ihre Berechnungen der Kapitalkosten an, was aus Sicht von externen Analysten transparent nachzuvollziehen ist.

Die Spanne der angegebenen Basiszinssätze der Unternehmen reichte ingesamt von einem Minimum von 1,24% bis zu einem Maximum von 3,80% beim Unternehmen der RWE. Eine Abweichung von über einem Prozent zum durchschnittlichen Jahreskupon der Bundesanleihen (1,42%) ist aufgrund der Zinsentwicklung nicht nachzuvollziehen. Hierzu sollte eine genaue Erläuterung der Ableitung des Basiszinses dargelegt werden. Speziell die Höhe beim Unternehmen RWE wird als mangelhaft interpretiert, da nur oberflächlich erwähnt wird,

---

[111] vgl. Finanzen.net (online), 2015, Abrufdatum: 22.08.2015

[112] vgl. Stuttgarter-Zeitung (online), 2015, Abrufdatum: 22.08.2015

[113] vgl. Bundesagentur Deutschland Finanzagentur GmbH (online), 2015, Abrufdatum 30.07.2015

[114] vgl. Europäische Zentralbank (online), 2015, Abrufdatum 17.08.2015

dass der Zinssatz für eine risikolose langfristige Anlage festgesetzt wird. Woher dieser genau abgeleitet wurde, bleibt unklar.

Bei acht der Unternehmen, die in den Geschäftsberichten 2008 ihren Basiszinssatz nannten, ist im Vergleich zum Betrachtungsjahr 2014 ein geringerer Zinssatz angesetzt worden.

3.1.2 Marktrisikoprämien und Beta-Faktoren

Die Marktrisikoprämien und die Beta-Faktoren als Variablen zur Ermittlung der Eigenkapitalkosten im CAPM haben die untersuchten Unternehmen ebenfalls nur mangelhaft ausgewiesen.

Lediglich acht der 21 Unternehmen gaben einen konkreten Wert der Risikoprämie an. Die Unternehmen der Deutsche Börse, Henkel und Volkswagen erhöhten 2014 im Vergleich zum Jahr 2008 ihre Marktrisikoprämie. Eine konkrete Begründung ist jeweiligen Geschäftsberichten nicht zu entnehmen, außer dass Volkswagen seinen Performance-Index von 2008 zum Jahre 2014 vom DAX zum MSCI wechselte und als Grund angab „Mit dem MSCI World Index wird ein Maßstab unterlegt, der für Investoren einen weltweiten Kapitalmarktanspruch wiederspiegelt." Das Unternehmen begründet den Wechsel des Performance-Index als Folge der Internationalisierung und dem Ziel, weltweit den Investoren eine bessere Vergleichbarkeit zu anderen internationalen Unternehmen zu schaffen.

Konstant hingegen blieb die Risikoprämie, unabhängig von der Zinsentwicklung, bei den Unternehmen E.On, RWE und Thyssenkrupp. Lediglich die Lufthansa reduzierte kommentarlos ihre kommunizierte Risikoprämie von 5,70% auf 5,20%. Um zu erfahren, ob die Höhe der Marktrisikoprämien sich nachvollziehen lässt, mithin berechtigt ist, sollten die jeweiligen Werte mit denen der Branche verglichen werden, die in nachfolgender Grafik gelistet sind.

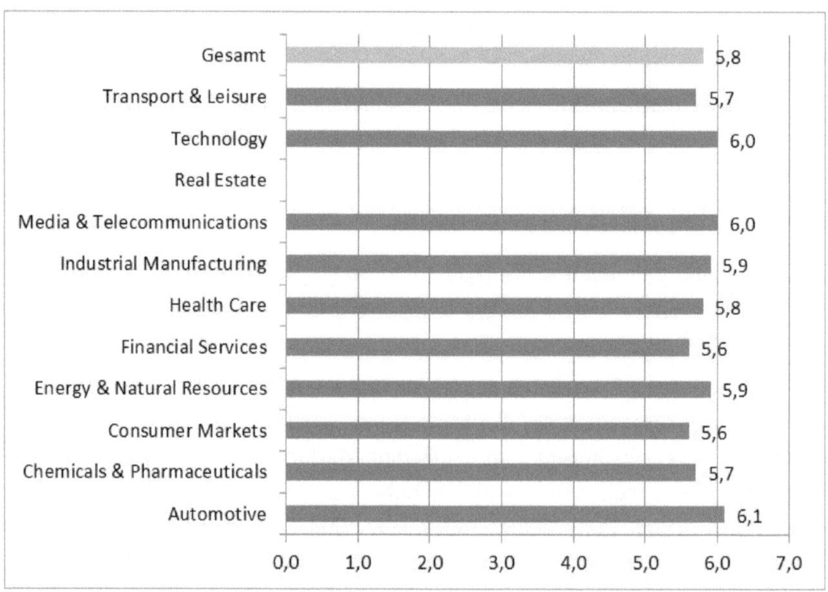

Abbildung 9: Durchschnittlich verwendete Marktrisikoprämie nach Branchen 2014 in %
((in Anlehnung an KPMG Kostenstudie, 2014, S. 27)

Sämtlich veröffentlichte Risikoprämien entsprachen in ihrer Höhe in etwa dem Branchenschnitt mit einer maximalen Abweichung von 0,90 Prozentpunkten (Deutsche Börse 6,50%). Entsprechend dem Branchenvergleich ist die Marktrisikoprämie als „gerechtfertigt" zu werten, da die betrachteten Unternehmen keine signifikanten Abweichungen im Vergleich zur relevanten Peer-Group aufwiesen.

Von den 21 untersuchten Unternehmen legten sieben Unternehmen die Beta-Faktoren im Wert dar. 14 Unternehmen gaben folglich nicht an, wie die jeweilige Aktienrendite sich zur Werteentwicklung des Gesamtmarkts verhält.

Bei den Unternehmen Deutsche Börse und Henkel sank der Betafaktor in den Vergleichszeiträumen 2008 zu 2014, während bei der Lufthansa der Betafaktor konstant bei 1,1 festgelegt wurde und bei den restlichen Unternehmen der Wert stieg. Bei den Unternehmen Deutschen Post und E.On stieg der Betafaktor innerhalb der drei Betrachtungsjahre stets an, wo hingegen bei den Unternehmen Deutsche Börse, RWE und Volkswagen die Werte von 2003 zu 2008 zunächst sanken, jedoch zum Vergleichszeitraum zu 2014 wieder anstiegen. Eine Begründung in den Geschäftsberichten erfolgte nicht. Die übrigen Unternehmen wie z.B. die Lufthansa und Henkel berichteten in ihren Geschäftsberichten aus dem Jahr 2003 noch nicht über ihren Beta-Faktor.

3.1.3 Analyse der Eigenkapital- und Fremdkapitalkosten

Eine Komponente zur Berechnung des Kapitalkostensatzes sind die Eigenkapitalkosten, die sich mithilfe des CAPM berechnen lassen.

Die benötigten Determinanten zur Ermittlung, die im Kapital 2.2.2 beschrieben wurden, konnten in den Geschäftsberichten wie bisher analysiert, nur lückenhaft oder nicht aufgezeigt werden.

Neben den nicht dargelegten Komponenten (Basiszins, Marktrisikoprämie und Beta-Faktor) für die Berechnung durch das CAPM konnte bei 14 der 21 untersuchten Unternehmen kein Eigenkapitalkostenwert auf Grundlage der Jahresberichte abgeleitet werden.

Zu allen drei Betrachtungsjahren berichteten nur die Unternehmen RWE und Volkswagen, hier nur für den Bereich Automobile, über ihren verwendeten Eigenkapitalkostensatz. Bei RWE sank der Eigenkapitalkostensatz vom Jahr 2003 (9,00%) zum Jahr 2008 (8,10%) hin. Zum Jahr 2014 stieg dieser jedoch wieder an (8,90%). Bei Volkswagen betrugen die Eigenkapitalkostensätze 9,60% (2003), 8,50% (2008) und 10,70% (2014). Die Eigenkapitalkosten entwickelten sich somit gegenläufig zu den Zinsentwicklungen auf dem Kapitalmarkt.

Die Unternehmen Deutsche Börse, Henkel und Lufthansa, in deren Geschäftsberichte aus dem Jahr 2003 noch kein Eigenkapitalkostensatz genannt bzw. erwähnt wurde, gaben im Jahr 2008 einen Kostensatz an, der jedoch zum Jahr 2014 wieder sank.

Eine Begründung für die Wertveränderungen der Eigenkapitalkosten konnte anhand der Geschäftsberichte nicht ermittelt werden.

Der für die Renditeforderungen der Fremdkapitalgeber stehende Fremdkapitalkostensatz, die die Unternehmen für die Bereitstellung von Fremdkapitalmitteln als Zins zu zahlen haben, hängt stark von den Leitzinsen ab. Leitzinssenkungen verbilligen die Beanspruchung von Unternehmenskrediten.[115] Aufgrund der Leitzinsentwicklung der Jahre 2003 (Leitzins 2,00%), 2008 (Leitzins 4,25%) und 2014 (Leitzins 0,05%) sollten folglich auch die Fremdkapitalkostensätze der Unternehmen sich in die Richtung eines Anstiegs vom Jahr 2003 zu 2008 hin tendieren und im Vergleich 2008 zu 2014 wieder sinken. Von sechs Unterneh-

---

[115] vgl. Handelsblatt (online), 2009, Abrufdatum 24.08.2015

men, die unabhängig vom Jahr einen Fremdkapitalkostensatz nannten, ist bei den Unternehmen Deutsche Börse, E.On und Volkswagen die Richtungsveränderung mit dem Leitzins identisch. Die Unternehmen Henkel und Lufthanse, die nur 2008 und 2014 den Fremdkapitalkostensatz nannten, bestätigen die richtungsweisende Entwicklung des Leitzinses durch einen abnehmenden Wert. RWE zeigt als einziges Unternehmen einen sinkenden Kostensatz vom Jahr 2003 zu 2008, entgegen der Leitzinsentwicklung, auf. Eine genauere Begründung wurde nicht genannt.

Bei den Unternehmen, die in den jeweiligen Jahren keinen Fremdkapitalkostensatz nannten, erwähnten einige zwar teilweise diesen im Zusammenhang mit der Berechnung eines WACC, jedoch ohne einen konkreten Wert zu nennen.

3.1.4 Kapitalstrukturanalyse

Die Kapitalstruktur eines Unternehmens setzt sich, wie in Kapitel 2.3.1 eingehend beschrieben, aus dem Eigen- und Fremdkapitalanteilen zusammen. Von den analysierten Unternehmen konnte eine eindeutige Kapitalstruktur aufgrund der Geschäftsberichte, bis auf Ausnahme der Unternehmen Adidas und Allianz (keine Angaben), entnommen werden.

Infolge der Leitzinssenkungen der vergangenen Jahre, die es den Unternehmen ermöglichte, günstiger (zu niedrigeren Zinsen) Fremdkapital aufzunehmen und mit dem Effekt des „Hebels" die sog. Leverage-Chance (GKR>FK-Zinssatz) für Investitionen wahrzunehmen, könnte deshalb eine Tendenz in Richtung eines höheren Verschuldungsgrads hindeuten.

Aufgrund des höheren Leitzinses im Jahr 2008 im Vergleich zu 2003, verteuerten sich die Kosten für etwaige in Anspruch genommene Kredite. Aus unternehmerischer Sicht bestünde die Möglichkeit die Kapitalkosten zu senken indem der Fremdkapitalanteil reduziert und somit die Fremdkapitalkosten sinken würden. Folglich ergäbe sich c.p. ein höherer Eigenkapitalanteil. Eine Tendenz, bewusst den Fremdkapitalanteil zu reduzieren, konnte nicht bestätigt werden, da von 2003 zu 2008 neun von 21 Unternehmen den Anteil des Fremdkapitals senkten. Die verbleibenden elf Unternehmen erhöhten hingegen ihren Fremdkapitalanteil, womit kein eindeutiger Hinweis hinsichtlich eines allgemeinen Interesses besteht, das Fremdkapital zu reduzieren. Volkswagen hielt als einzige Ausnahme zu jedem Betrachtungsjahr seine Kapitalstruktur konstant (66,67% EK/33,33% FK).

Durch die günstigeren Zinsen für beanspruchtes Fremdkapital im Jahr 2014 im Vergleich zu 2008 und im Sinne des Leverage-Effekts, könnte aufgrund der

Theorien zur Kapitalstruktur von einer Tendenz in Richtung eines höheren Fremdkapitalanteils ausgegangen werden. Den Geschäftsberichten zufolge erhöhten, entgegen der Annahme einer Nutzung des Leverage-Effekts, nur acht Unternehmen ihren Fremdkapitalanteil. Daimler, Munich Re und Volkswagen hielten ihre Kapitalstruktur von 2008 zu 2014 konstant, wohingegen die verbleibenden acht Unternehmen ihren Fremdkapitalanteil sogar senkten. Gründe für die Änderungen der Kapitalstrukturen ist den Geschäftsberichten nicht zu entnehmen.

Dem Ergebnis zufolge besteht kein allgemeines Interesse, die Kapitalstruktur den Leitzinsen anzupassen. Es wird vielmehr angenommen, dass die Kapitalstruktur unternehmensintern durch verschiedene Faktoren individuell festgelegt wird.

3.1.5 Entwicklung und Analyse der WACC-Sätze

Im durchschnittlichen gewichteten Kapitalkostensatz WACC werden sämtliche Kosten des Kapitals, die den Renditeforderungen der Kapitalgeber entsprechen, durch die Gewichtung anhand der Kapitalstrukturen berechnet und in einem Diskontierungszins abgebildet. Der WACC zeigt die Mindestrendite für Investitionstätigkeiten auf, die die Unternehmen erwirtschaften sollten ohne einen Werteabbau zu erzielen (vgl. Kapital 2.3.3).

Von den Untersuchungsobjekten konnte in den Berichten 2014 bei 14 Unternehmen ein eindeutiger Kapitalkostensatz entnommen werden. Sechs Unternehmen (Continental, Deutsche Börse, E.On, Fresenius MedicalCare, Henkel und Lufthansa) berechneten anhand der benötigten Determinanten einen geringeren WACC im Vergleich zum Jahr 2008, wohingegen die Unternehmen RWE, ThyssenKrupp und Volkswagen ihren erhöhten. Die Ursachen für die Erhöhung des WACC bei ThyssenKrupp lassen sich aufgrund fehlender Angaben zur Berechnung nicht begründen.

Durch die Analyse der relevanten Determinanten zur Berechnung des WACC bei RWE und Volkswagen zeigte sich ein sinkender Fremdkapitalkostensatz bei einer gleichzeitigen Erhöhung der Eigenkapitalkosten zum Jahr 2008. Begründen lässt sich dies damit, dass die Determinanten zur Eigenkapitalkostenermittlung, wie die Marktrisikoprämie und der Beta-Faktor, für die Berechnung mithilfe des CAPM anstiegen. Bei RWE ist dies auf dem höheren Beta-Faktor (2008: 0,67, 2014: 1,03) zurückzuführen, wohingegen bei Volkswagen neben dem Beta-Faktor (2008: 0,89, 2014: 1,38) noch die Marktrisikoprämie (2008:

5,0 (DAX), 2014: 6,5 (MSCI)) einen starken Einfluss auf die Höhe der Eigenkapitalkosten nimmt.

Bei den Unternehmen E.On, Henkel und Lufthansa sank der WACC 2014 zum Vergleichsjahr 2008, da die beiden relevanten Größen des Eigen- und Fremdkapitals sanken.

Fünf der Unternehmen behielten einen konstanten Kostensatz in den Vergleichszeiträumen 2014 und 2008 bei.

Sieben Unternehmen (Adidas, Allianz, BASF, Linde, Munich Re, SAP und Siemens) veröffentlichten 2014 keinen berechneten WACC.

In den Vergleichsjahren von 2008 zu 2003 sank bei sechs Unternehmen der WACC. Bei Volkswagen lässt sich dies durch die niedrigere Risikoprämie und dem sinkenden Beta-Faktor (bei gleichbleibender Kapitalstruktur) begründen. Aufgrund fehlender Informationen bei den verbleibenden fünf Unternehmen ist eine Erklärung bezüglich des Sinken des WACC anhand der Geschäftsberichte nicht möglich.

Die Unternehmen Continental (+3,7 Prozentpunkte), E.On (+0,5 Prozentpunkte) und RWE (+0,2 Prozentpunkte) erhöhten ihren WACC vom Jahr 2003 zu 2008. Aufgrund der Leitzinsentwicklung, die c.p. den abgeleiteten Basiszinssatz erhöht und somit die Eigenkapitalkosten reduziert, entgegen der Vermutung also veränderte sich die Entwicklung des WACC der Unternehmen. Wegen fehlenden Informationen lässt sich eine Erhöhung bei Continental nicht nachvollziehen. Bei E.On hingegen, lässt sich dies durch die Erhöhung des Fremdkapitalkostensatzes und eine höheren Fremdkapitalanteil begründen. Die minimale Veränderung bei der RWE ist aufgrund von kleinen Veränderungen der Determinanten und der leichten Kapitalstrukturveränderung zurückzuführen.

3.2 Simulationsrechnungen zur Veranschaulichung von wertveränderten Determinante auf den WACC

Der Einfluss des Leitzinses auf die Wertenwicklung, haben wie in Kapitel 2 beschrieben, einen direkten Einfluss auf die Eigen- und Fremdkapitalkosten eines Unternehmens.

Nachfolgend soll eine Simulation durchgeführt werden, um analysieren zu können, wie sich der durchschnittlich gewichtete Kapitalkostensatz sich infolge der Entwicklungen des Leitzinses veränderte und sich evtl. bestätigt, dass Unternehmen die Kapitalkosten, durch Wertveränderungen von beeinflussbaren Determinanten gezielt anpassen, wodurch die Höhe des WACC absichtlich konstant gehalten oder möglicherweise erhöht wird.

Für die Simulation wurden die Unternehmen E.On, RWE und Volkswagen gewählt, weil jene zu allen Betrachtungsjahren die benötigten Informationen zur Berechnung des WACC angaben.

Für die rechnerische Nachvollziehbarkeit der Auswirkungen der Zinsveränderungen auf den WACC, ist es notwendig, die Determinanten der Marktrisikoprämie und des Beta-Faktors mit einem konstanten Wert festzusetzen. Hierfür werden bewusst die Werte der Marktrisikoprämie und des Beta-Faktors von 2003 ausgewählt, das als Basisjahr der Simulationsrechnungen gilt.

Die unternehmensindividuellen unterschiedlichen Basiszinssätze, Steuersätze, Fremdkapitalzinssätze und Kapitalstrukturen wurden anhand der angegebenen Werte der Geschäftsberichte der Jahre entnommen.

3.2.1 Simulation der Kapitalkostenveränderung des Unternehmens Volkswagen

	Angaben aus dem Geschäftsbericht	
2003	Zinssatz für risikofreie Anlagen in %	3,9
	Marktrisikoprämie in %	6
	Beta-Faktor	0,95
	EK-Kostensatz nach Steuern in %	9,6
	FK-Zinssatz in %	4,5
	Steuersatz	-1,6
	FK-Kostensatz nach Steuern in %	2,9
	Anteil EK/FK in %	66,67/33,33
	Kapitalkostensatz nach Steuern in %	7,4

	Angaben aus dem Geschäftsbericht			Simulation	
2008	Zinssatz für risikofreie Anlagen in %	4,1	2008	Zinssatz für risikofreie Anlagen in %	4,1
	Marktrisikoprämie in %	5		Marktrisikoprämie in % (Konstante aus 2003)	6
	Beta-Faktor	0,89		Beta-Faktor (Konstante aus 2003)	0,95
	EK-Kostensatz nach Steuern in %	8,5		EK-Kostensatz nach Steuern in %	9,8

FK-Zinssatz in %	6,7	
Steuersatz	-2	
FK-Kostensatz nach Steuern in %	4,7	
Anteil EK/FK in %	66,67/33,33	
Kapitalkostensatz nach Steuern in %	7,2	

FK-Zinssatz in %	6,7	
Steuersatz	-2	
FK-Kostensatz nach Steuern in %	4,7	
Anteil EK/FK in %	66,67/33,33	
Kapitalkostensatz nach Steuern in %	8,1	

	Angaben aus dem Geschäftsbericht	
2014	Zinssatz für risikofreie Anlagen in %	1,7
	Marktrisikoprämie in %	6,5
	Beta-Faktor	1,38
	EK-Kostensatz nach Steuern in %	10,7
	FK-Zinssatz in %	2,3
	Steuersatz	-0,7
	FK-Kostensatz nach Steuern in %	1,6
	Anteil EK/FK in %	66,67/33,33
	Kapitalkostensatz nach Steuern in %	7,7

	Simulation	
2013	Zinssatz für risikofreie Anlagen in %	1,7
	Marktrisikoprämie in % (Konstante aus 2003)	6
	Beta-Faktor (Konstante aus 2003)	0,95
	EK-Kostensatz nach Steuern in %	7,4
	FK-Zinssatz in %	2,3
	Steuersatz	-0,7
	FK-Kostensatz nach Steuern in %	1,6
	Anteil EK/FK in %	66,67/33,33
	Kapitalkostensatz nach Steuern in %	5,47

Unter der Prämisse einer gleichbleibenden Marktrisikoprämie (6,00%) und eines Beta-Faktors (0,95) aus dem Basisjahr 2003 stellt sich beim Unternehmen Volkswagen zunächst als Resultat heraus, dass im Jahr 2008 der WACC um 0,2 Prozentpunkte zum Jahr 2003 sank und mit 7,20% im Geschäftsbericht genannt wurde. Der Fremdkapitalkostensatz erhöhte sich infolge der Entwicklung des Leitzinses entsprechend.

Wenn das Unternehmen seine Marktrisikoprämie und den Beta-Faktor ausgehend von Basisjahr 2003 zum Vergleichsjahr 2008 nicht reduziert, sondern konstant gehalten hätte, zeigt sich als Ergebnis der simulierten WACC Berechnung, dass der Kapitalkostensatz um 0,90 Prozentpunkte höher liegen könnte und somit dem Trend des Leitzinses folgt. Durch die Analyse des Geschäftsberichts des Jahres 2014 im Vergleich zu 2008, veränderte sich der WACC überraschend entgegen der Leitzinsentwicklung aufgrund einer steigenden Marktrisikoprämie und des Beta-Faktors. Bei Simulation mit konstanten Werten aus 2003 beträgt der Kostensatz lediglich 5,47%. Der Vermutung nach wäre ein sinkender WACC aufgrund der Zinsentwicklung nachvollziehbarer gewesen, statt eines realen Anstiegs. Volkswagen begründete die wesentlichen Veränderungen der CAPM-Variablen nicht, was als eine nicht existenzielle Transparenzbemühung zu werten ist.

3.2.2 Simulation der Kapitalkostenveränderung des Unternehmens RWE

	Angaben aus dem Geschäftsbericht	
2003	Zinssatz für risikofreie Anlagen in	5,5
	Marktrisikoprämie in %	5
	Beta-Faktor	0,7
	EK-Kostensatz nach Steuern in %	9
	FK-Zinssatz in %	6
	Steuersatz	-1,58
	FK-Kostensatz nach Steuern in %	4,4
	Anteil EK/FK in %	30/70
	Kapitalkostensatz nach Steuern in	5,8

	Angaben aus dem Geschäftsbericht			Simulation	
2008	Zinssatz für risikofreie Anlagen in	4,75	2008	Zinssatz für risikofreie Anlagen in %	4,75
	Marktrisikoprämie in %	5		Marktrisikoprämie in % (Konstante aus	5
	Beta-Faktor	0,67		Beta-Faktor (Konstante aus 2003)	0,7
	EK-Kostensatz nach Steuern in %	8,1		EK-Kostensatz nach Steuern in %	8,25

FK-Zinssatz in %		5,25
Steuersatz		-1,4
FK-Kostensatz nach Steuern in %		3,8
Anteil EK/FK in %		50/50
Kapitalkostensatz nach Steuern in		6

FK-Zinssatz in %		5,25
Steuersatz		-1,4
FK-Kostensatz nach Steuern in %		3,8
Anteil EK/FK in %		50/50
Kapitalkostensatz nach Steuern in %		6,03

	Angaben aus dem Geschäftsbericht	
2014	Zinssatz für risikofreie Anlagen in	3,78
	Marktrisikoprämie in %	5
	Beta-Faktor	1,03
	EK-Kostensatz nach Steuern in %	8,9
	FK-Zinssatz in %	5
	Steuersatz	-1,37
	FK-Kostensatz nach Steuern in %	3,6
	Anteil EK/FK in %	50/50
	Kapitalkostensatz nach Steuern in	6,25

	Simulation	
2013	Zinssatz für risikofreie Anlagen in %	3,78
	Marktrisikoprämie in % (Konstante aus	5
	Beta-Faktor (Konstante aus 2003)	0,7
	EK-Kostensatz nach Steuern in %	7,28
	FK-Zinssatz in %	5
	Steuersatz	-1,37
	FK-Kostensatz nach Steuern in %	3,6
	Anteil EK/FK in %	50/50
	Kapitalkostensatz nach Steuern in %	5,44

Das Unternehmen RWE vermeldete vom Basisjahr 2003 zum Vergleichsjahr 2008 in dessen Geschäftsberichten einen steigenden WACC von 0,20 Prozentpunkten. Die Entwicklung erfolgte, wenn auch nur in geringem Maße ansteigend, entsprechend der Leitzinsentwicklung. Eine Simulation mit Konstanten der Marktrisikoprämie und des Beta-Faktors führte zu keiner nennenswerten Diskrepanz.

In den Vergleichsjahren 2008 zu 2013 erhöhte sich der WACC (wie bei VW auch) entgegen der Vermutung um 0,25 Prozentpunkt, trotz eines stark sinkenden Leitzinses. Gemäß Simulationsergebnis durch die Konstanten des Jahres 2003 müsste sich der beeinflussende Eigenkapitalkostensatz reduzieren. Ausschlaggebend für Anstieg des WACC ist eine deutliche Erhöhung des Beta-Faktors von 2008 (0,67) zu 2014 (1,03). Das Unternehmen nannte im Geschäftsbereich zur Wertveränderung (insbesondere die des Beta-Faktors) keine Gründe.

3.2.3 Simulation der Kapitalkostenveränderung des Unternehmens E.On

	Angaben aus dem Geschäftsbericht	
2003	Zinssatz für risikofreie Anlagen in	5,6
	Marktrisikoprämie in %	5
	Beta-Faktor	0,7
	EK-Kostensatz nach Steuern in %	9,1
	FK-Zinssatz in %	5,9
	Steuersatz	-2,1
	FK-Kostensatz nach Steuern in %	3,8
	Anteil EK/FK in %	45/55
	Kapitalkostensatz nach Steuern in	6,2

	Angaben aus dem Geschäftsbericht			Simulation	
2008	Zinssatz für risikofreie Anlagen in	4,5	2008	Zinssatz für risikofreie Anlagen in %	4,5
	Marktrisikoprämie in %	4		Marktrisikoprämie in % (Konstante aus	5
	Beta-Faktor	0,88		Beta-Faktor (Konstante aus 2003)	0,7
	EK-Kostensatz nach Steuern in %	8		EK-Kostensatz nach Steuern in %	8

FK-Zinssatz in %	5,7		FK-Zinssatz in %	5,7
Steuersatz	-1,5		Steuersatz	-1,5
FK-Kostensatz nach Steuern in %	4,2		FK-Kostensatz nach Steuern in %	4,2
Anteil EK/FK in %	65/35		Anteil EK/FK in %	65/35
Kapitalkostensatz nach Steuern in	6,7		Kapitalkostensatz nach Steuern in %	6,7

	Angaben aus dem Geschäftsbericht				Simulation	
2014	Zinssatz für risikofreie Anlagen in	2,5		2013	Zinssatz für risikofreie Anlagen in %	2,5
	Marktrisikoprämie in %	5,5			Marktrisikoprämie in % (Konstante aus	5
	Beta-Faktor	0,99			Beta-Faktor (Konstante aus 2003)	0,7
	EK-Kostensatz nach Steuern in %	7,9			EK-Kostensatz nach Steuern in %	6
	FK-Zinssatz in %	3,9			FK-Zinssatz in %	3,9
	Steuersatz	-			Steuersatz	-1,05
	FK-Kostensatz nach Steuern in %	2,8			FK-Kostensatz nach Steuern in %	2,8
	Anteil EK/FK in %	50/50			Anteil EK/FK in %	50/50
	Kapitalkostensatz nach Steuern in	5,4			Kapitalkostensatz nach Steuern in %	4,4

Das Unternehmen E.On (ein Energiekonzern wie die RWE) berichtete im Jahr 2003 über einen WACC in Höhe von 6,20%.

Umstritten erscheint die Tatsache, wieso sich der Basiszins für risikofreie Anlagen um 1,10% (entgegen der Zinsentwicklung) reduzierte. Trotz eines sinkenden Eigenkapitalkostensatzes und einer veränderten Kapitalstruktur, d.h. insbesondere mit zunehmender Eigenkapitalquote von 2003 (45%/55%) zu 2008 (65%/35%), stieg der WACC in den Vergleichsjahren. Der Anstieg ist auf den steigenden Fremdkapitalkostensatz zurückzuführen (+0,40 Prozentpunkte). Eine Simulierung durch eine konstante Marktrisikoprämie und des Beta-Faktors aus dem 2003 zeigte keine Veränderung des WACC, da die Determinanten in ihrer Multiplikation identische Werte wiedergeben. Der Kapitalkostensatz stieg an und veränderte sich somit in Richtung der Wertentwicklung des Leitzinses.

Im Vergleich zu Volkswagen und RWE berichtete E.On vom Jahr 2008 zu 2014 über einen sinkenden WACC, der somit dem Trend des sinkenden Leitzinses folgte. Der wertbeeinflussende Faktor ist auf den schwindenden Fremdkapitalkostensatz zurückzuführen (bei einem fast konstanten Eigenkapitalkostensatz). Bei Verwendung der relevanten Determinanten der Marktrisikoprämie und des Beta-Faktors konnte c.p. ein nochmals geringerer WACC simuliert und errechnet werden, der mit 4,40% eine deutliche bessere Argumentation dafür sein könnte, dass das Unternehmen die Kapitalkosten den Zinsentwicklungen anpasste.

3.3 Kritische Würdigung der Untersuchungsergebnisse

Eine umfassend detaillierte Analyse aller 21 DAX-Unternehmen ist aufgrund zahlreicher fehlender Informationen nicht möglich gewesen. Auf Grundlage der Geschäftsberichte zeigte sich, dass Unternehmen entweder nur einige wenige relevante Determinanten zur Ermittlung der Kapitalkosten nannten oder keine Angaben dazu machten. In diesem Zusammenhang sind die Unternehmen Adidas und BASF zu nennen, die in den drei Betrachtungsjahren keinen relevanten Determinanten im Zusammenhang der Kapitalkosten in ihren Berichten kommunizierten.

Veränderten sich relevante Werte im Zusammenhang der Ermittlung des Eigenkapitalkostensatzes, fehlten etwaige Begründungen der Unternehmen. Aus Sicht der Investoren und Anteilseigner ist diese fehlende Transparenz kritisch zu beurteilen, da Unternehmen wie die Deutsche Börse, Henkel und Volkswagen z.B. ihre Marktrisikoprämie und Beta-Faktoren ohne jegliche Nachvollziehbarkeit erhöhen und somit ein damit eingehendes höheres Risiko unterstellen.

Die im Rahmen der Untersuchung genannten WACC-Sätze offenbarten sich das Ergebnis, dass sechs Unternehmen wie Continental, Deutsche Börse, E.On, Fresenius MedicalCare, Henkel und Lufthansa 2014 einen geringeren WACC im Vergleich zum Jahr 2008 auswiesen. Das Ergebnis entsprach also der Annahme, unter Berücksichtigung der theoretischen Grundlagen, dass die Höhe Kapitalkosten sich durch sinkende Leitzinsen reduzieren.

Die Vermutung zu Beginn der Arbeit, dass Unternehmen entgegen externer Einflussfaktoren (wie die der Niedrigzinsphase) ihre Kapitalkosten im Jahr 2014 bzw. ihren Kapitalkostensatz nicht noch unten korrigierten (der Effekt der auf theoretischen Grundlagen eintreten müsste, Leitzinssenkungen reduzieren Eigen- und Fremdkapitalforderungen) konnte bei den Unternehmen RWE, ThyssenKrupp und Volkswagen rechnerisch bestätigt werden. Welche Faktoren einen Anstieg des WACC bei ThyssenKrupp rechtfertigen ist aufgrund der mangelhaften Informationen unklar. Für das Unternehmen liegt der gestiegene Kostensatz in der Plausibilisierung mit dem stark gestiegenen Beta-Faktor und der Marktrisikoprämie. Durch die Simulation mit festgesetzten Werten (Marktrisikoprämie und Beta-Faktor) zur Eigenkapitalkostensatzermittlung zeigte sich, dass bei VW die Kapitalkosten durch die Leitzinsentwicklungen sinken müssten. Ein gleiches Ergebnis zeigte sich durch die Simulation ebenfalls bei RWE, obwohl E.On, als Branchenunternehmen seinen WACC nicht erhöhte.

Anhand der Untersuchung konnte den DAX-Unternehmen nicht allgemein unterstellt werden, dass sie ihre Kapitalkosten willkürlich festlegen. Bei einigen Unternehmen veränderten sich jedoch die WACC-Sätze entgegen der Entwicklung des Leitzinses durch bemerkenswerte Veränderungen wesentlicher Determinanten der Eigenkapitalkosten. Über die Gründe lässt sich nur spekulieren, da eine Nachvollziehbarkeit anhand der veröffentlichten Geschäftsberichte nicht gegeben ist.

4. Resümee

Das Ziel der vorliegenden Arbeit war es, vorweg grundlegende Gedanken zu den Umständen der Entstehung von Kapitalkosten zu beschreiben. Es wurde aufgezeigt, durch welche Determinanten die Eigen- und Fremdkapitalkosten beeinflusst und wie diese rechnerisch hergeleitet werden.

Um die Renditeforderungen der Eigen- und Fremdkapitalgeber in einem einheitlichen Kostensatz abzubilden, wurde der WACC als Diskontierungsfaktor hergeleitet. Durch die Berücksichtigung des WACC als Abzinsungsfaktor für zahlungsstromorientierte Wertermittlungen konnte, anhand adäquater theoretischer Modelle (Literatur) die Erkenntnis gewonnen werden, dass der WACC neben den Zahlungsströmen die wertbestimmende Größe ist. Je höher der WACC betraglich als Diskontierungssatz angewendet wird, desto geringer fallen die diskontierten Barwerte der Cashflows aus, desto geringer fallen die diskontierten Barwerte der Cashflows aus. Ein im Wert sinkender WACC führt zu höheren Barwerten, die z.B. im Rahmen der Investitionsrechnung zu einem höheren Kapitalwert führen. Es zeigte sich, dass anhand solcher barwertorientierter Methoden auch der Unternehmenswert (Marktwert des Eigenkapitals) berechnet werden kann.

Anhand der Untersuchungsergebnisse und dem Unternehmenswert stellte sich im Zusammenhang heraus, dass Unternehmen nicht unbedingt dem Shareholder-Value Ansatz als wertorientiertes Ziel verfolgen. Dies lässt sich dadurch begründen, dass nicht alle Unternehmen ihren WACC im Vergleichszeitraum 2008 zu 2014 senkten, obwohl die Zinsmarktentwicklungen zu einer Verringerung der Kapitalkosten hin tendierten. Die Gründe dieser gegenläufigen Entwicklung (z.B. bei RWE, ThyssenKrupp und Volkswagen) kann aufgrund fehlender Erläuterungen in den Geschäftsberichten nicht nachvollzogen werden. Es kann nur vermutet werden, dass möglicherweise somit die innere Schwelle für Investitionsfreigaben höher liegen soll, sodass nicht übermäßige Investitionen getätigt werden, die eine niedrige Rendite erwirtschafteten, die jedoch die geringeren Kapitalkosten decken würde. Würden verantwortliche Manager aus diesen Gründen ihren Kapitalkostensatz nicht senken wollen, um u.a. Kapitalabflüsse (deren Rückfluss mehrere Jahre dauern kann) zu vermeiden, die in der Folge als Dividenden dienen könnten, ist dies als sehr kritisch zu beurteilen. Durch die Vermeidung der Investitionen deren Rendite höher als die Kapitalkosten liegen, wird somit ein Wertezuwachs des Unternehmens verhindert.

Literaturverzeichnis

Achleitner, A.-K. (2000): Handbuch Investment Banking, 2. Auflage, Wiesbaden: Gabler Verlag

Altendorf, K.; Schlüter T.; Skorpel W., Stein D.; Weber A. (2009): Das Bank- und Börsen-ABC, 14. Auflage, Köln: Bank-Verlag

Arnold, P.; Kilian, L.; Thillosen, A.; Zimmer, G. (2004): E-Learning – Handbuch für Hochschulen und Bildungszentren. Didaktik, Organisation, Qualität, 1. Auflage, Nürnberg: BW Bildung und Wissen

Becker, H. P. (2007): Investition und Finanzierung: Grundlagen der betrieblichen Finanzwirtschaft, 6. Auflage, Wiesbaden: Springer Gabler

Becker, W. (2000): Wertorientierte Unternehmensführung, Bamberg: Otto-Friedrich-Universität Bamberg

Bleiber, R. (2011): Erfolgreiche Existenzgründung, 2.Auflage, Freiburg: Haufe Verlag

Brasat, N. (2012): Internes Benchmarking in Handelsunternehmungen als Basis wertoriernierter Unternehmensführung, München & Mering: Rainer Hampp Verlag

Castedello, M.; Elter, V.-C. (2012): Corporate Finance – Kapitalkostenstudie 2012/2013 – Steuerung in der Unsicherheit, o.O.: KPMG AG Wirtschaftsprüfungsgesellschaft

Castedello, M.; Schöniger, S. (2014): Corporate Finance – Kapitalkostenstudie 2014 – Risikoberücksichtigung, Risikoäquivalenz, Risikoteilung, o.O.: KPMG AG Wirtschaftsprüfungsgesellschaft

Copeland, T. E; Shastri, K.; Weston, J. F. (2008): Finanzierungstheorie und Unternehmenspolitik – Konzepte der kapitalmarktorientierten Unternehmensfinanzierung, 4. Auflage, München: Verlag Pearson

Copeland, T. E; Koller, T.; Murrin, J. (1998): Unternehmenswert – Methoden und Strategien für eine wertorientierte Unternehmensführung, 2. Auflage, Frankfurt/Main: Campus Verlag

Drukarczyk, J.; Schüler, A. (2009): Unternehmensbewertung, 6. Auflage, München: Verlag Franz Vahlen

de Jesus Voigt, C. (2010): Anforderungen an das Investitonscontrolling unter Berücksichtigung von Unternehmenswerten, Hamburg: Diplomica Verlag

Geyer, H. (2013): BWL kompakt – Die 100 wichtigsten Fakten, 2. Auflage, Freiburg: Haufe Verlag

Gleich, R.; Horváth, P.; Michel, U. (2011): Finanz-Controlling – Strategische und operative Steuerung der Liquidität, Freiburg: Haufe Verlag

Gündel, M.; Katzorke, B. (2007): Private Equity – Finanzierungsinstrument und Anlagemöglichkeit, Köln: Bank-Verlag Medien

Hachmeister, D.; Ruthardt, F.; Mager, C. (2015): Die Ermittlung des Risikozuschlags bei gesellschaftsrechtlichen Strukturmaßnahmen – Eine Auswertung von Bewertungsgutachten, in: Zeitschrift für betriebswirtschaftliche Forschung, 67 Jg., 206-234

Haunerdinger, M.; Probst, H.-J. (2006): Finanz- und Liquiditätsplanung in kleinen und mittleren Unternehmen, München: Rudolf Haufe Verlag

Heinze, W.; Radinger, G. (2011): Der Beta-Faktor in der Unternehmensbewertung, in: Controller Magazin, November/Dezember, 48-52

Heybrock, H. (2012): Praxisratgeber Compliance – Compliance Managementsysteme in Funktionsbereichen des Unternehmens, München und Mering: Rainer Hampp Verlag

Hoffmann, M. (2014): Kontrahentenrisiken im Konzernabschluss bei Industrieunternehmen, Hamburg: Diplomica Verlag

Klamar, N.; Sommer, U.; Weber, I. (2013): Der effiziente M&A Prozess, Freiburg: Haufe Verlag

Maltry, H; Kuhner C. (2006): Unternehmensbewertung, Heidelberg: Springer-Verlag

Moxter, A. (1983): Grundsätze ordnungsmäßiger Unternehmensbewertung, 2. Auflage, Wiesbaden: Gabler Verlag

Perridon, L., Steiner, M.; Rathgeber, A. (2012): Finanzwirtschaft der Unternehmung, 16. Auflage, München: Vahlen Verlag

Probst, H.-J. (2008): Bilanzen lesen leicht gemacht, 3.Auflage, München: Redline Wirtschaft FinanzBuch Verlag

Rappold, P. (2011): Macht von Vorstandsvorsitzenden, München und Mering: Rainer Hampp Verlag

Schiel, A. (2009): Aktionärsschutz zwischen Aktienrecht und Kapitalrecht, Berlin: Duncker & Humblot

Schmeisser, W.; Clausen, L.; Hannemann, G. (2009): Bankcontrolling mit Kennzahlen, München und Mering: Rainer Hampp Verlag

Schmeisser, W.; Görlitz, B.; Spree, J.; Clausen, L.; Schindler, F. (2008): Einführung in die Unternehmensbewertung, München und Mering: Rainer Hampp Verlag

Stahl, H.-W. (2011): Finanz- und Liquiditätsplanung, 3. Auflage, Freiburg: Haufe Verlag

Willburger, J. (2014): Shareholder Value und wertorientierte Unternehmensführung in Deutschland, Hamburg: Diplomica Verlag

Wolter, P. (2011): Die monetäre Quantifizierung des personalen Faktors im Rahmen von Unternehmensbewertungen, München und Mering: Rainer Hampp Verlag

Wöltje, J. (2010): Betriebswirtschaftliche Formeln, 2. Auflage, Freiburg: Haufe Verlag

Ziermann, S. (2013): Socially Responsible Investments in Banken, Köln: Bank-Verlag

Internetverzeichnis

2015a: Der Schweizer Treuhänder (2015), Ökonomie im Kopfstand – Cost of Capital, Volkart, R., http://www.ifbc.ch/tl_files/content/file/publikationen/Artikel/2015/Oekono mie%20im%20Kopfstand_08_2015.pdf abgerufen am 12. August 2015, S. 546

2015b: Finanzen.net (2015), DAX Marktkapitalisierung Liste, o.V. http://www.finanzen.net/index/DAX/Marktkapitalisierung abgerufen am 22. August 2015

2015c: NEOPresse (2015), Der Denkfehler „Shareholder-Value", Heinen, D., http://www.neopresse.com/wirtschaft/der-denkfehler-shareholder-value/ abgerufen am 22. August 2015

2015d: Bundesrepublik Deutschland Finanzagentur GmbH (2015), Bundesanleihen, o.V., http://www.deutsche-finanzagentur.de/de/private-anleger/bundeswertpapiere/bundesanleihen/abgerufen am 17. August 2015

2015e: Finance Magazin (2006), Zu hoher Einsatz – Unternehmen kalkulieren mit zu hohen Renditeanforderungen, Gleißner, W., http://www.werner-gleissner.de/site/publikationen/WernerGleissner_Zu-hoher-Einsatz-Unternehmen-kalkulieren-mit-zu-hohen-Renditeanforderungen.pdf am 27. Juli 2015

2015f: FAZ (2015), Null Prozent Zinsen auf fünfjährige Bundesanleihen, o.V., http://www.faz.net/aktuell/finanzen/anleihen-zinsen/null-prozent-zinsen-auf-fuenfjaehrige-bundesanleihen-13380625.html abgerufen am 17. August 2015

2015g: Finanzen.net (2015), Aktueller Leitzins, o.V., http://www.finanzen.net/leitzins/ abgerufen 23. August 2015

2015h: Europäische Zentralbank (2015), Key ECB interest rate, o.V., https://www.ecb.europa.eu/stats/monetary/rates/html/index.en.html am 17. August 2015

2015i: Stuttgart-Zeitung.de (2015), Leitzins bleibt konstant – EZB legt nicht nochmal nach, o.V http://www.stuttgarter-zeitung.de/inhalt.leitzins-bleibt-konstant-ezb-legt-nicht-nochmal-nach.e8cff18b-33e5-497e-bbc9-f4c769840b46.html abgerufen am 22. August 2015

2015j: Handelsblatt Online (2015), Gesucht: niedrige Volatilität, o.V.,
http://www.handelsblatt.com/finanzen/anlagestrategie/trends/geldanlage-
gesucht-niedrige-volatilitaet/6525134-3.html abgerufen am am 23. Juli
2015

2015k: RP-Online (2015), Auswirkungen einer Leitzinssenkung, o.V.,
http://www.rp-online.de/wirtschaft/finanzen/leitzinssenkung-auswirkung-
wir-erklaeren-die-folgen-bid-1.2204476 abgerufen am 37. Juli 2015

2015l: Handelsblatt Online (2011), Kurzfristiges Denken schadet der Wirtschaft,
Buhse M.,
http://www.handelsblatt.com/politik/konjunktur/oekonomie/nachrichten/stu
die-kurzfristiges-denken-schadet-der-wirtschaft/5883396.html abgerufen
am 07. August 2015

2015m: Handelsblatt Online (2009), Zinssenkungen kommen bei Bankkunden
an, Häring. N., http://www.handelsblatt.com/unternehmen/banken-
versicherungen/unternehmenskredite-zinssenkungen-kommen-bei-
bankkunden-an/3175110.html abgerufen am 25. August 2015